MANO TĖVAS DUOS JUMS MANO VARDU

Dr. Jaerock Lee

„Iš tiesų, iš tiesų sakau jums: jei tik prašysite Tėvą mano vardu, jis duos tai jums. Iki šiol jūs nieko neprašėte mano vardu. Prašykite ir gausite, kad jūsų džiaugsmui nieko netrūktų." (Evangelija pagal Joną 16, 23-24)

MANO TĖVAS DUOS JUMS MANO VARDU
by Dr. Jaerock Lee

Published by Urim Books (Representative: Johnny H. Kim)
73, Yeouidaebang-ro 22-gil, Dongjak-gu, Seoul, Korea
www.urimbooks.com

Visos teisės saugomos. Šios knygos ar jos dalių panaudojimas bet kokia forma, saugoma paieškos sistemoje, arba perduodama bet kokia forma ir bet kokiomis priemonėmis – elektroninėmis, mechaninėmis, fotokopijų, įrašų ar kitomis – be išankstinio raštiško leidėjo sutikimo yra draudžiamas.

Visos Šventojo Rašto citatos paimtos iš tinklavietės
RUBŠIO IR KAVALIAUSKO BIBLIJA, LBD ekumeninis leidimas 1999 m.
© Lietuvos Biblijos draugija, 1999.
© Lietuvos Vyskupų Konferencija, 1999.

Copyright © 2009 by Dr. Jaerock Lee
ISBN: 979-11-263-0663-3   03230

Translation Copyright © 2009 by Dr. Esther K. Chung. Used by permission.

Urim Books išleista korėjiečių kalba 1990 m.

Pirmas leidimas 2021 vasarį

Redaktorė Dr. Geumsun Vin
Leidėjas Editorial Bureau of Urim Books
Spaustuvė Yewon Printing Company
Daugiau informacijos: urimbook@hotmail.com

Įžanga

„Iš tiesų, iš tiesų sakau jums: jei tik prašysite Tėvą mano vardu, jis duos tai jums" (Evangelija pagal Joną 16, 23).

Krikščionybė yra tikėjimas, kuriame žmonės susitinka gyvąjį Dievą ir patiria Jo veikimą per Jėzų Kristų.

Dievas yra visagalis, Jis sukūrė dangų ir žemę, Jis valdo visatos istoriją bei žmogaus gyvenimą, mirtį, prakeikimus ir palaiminimus, Jis atsako į savo vaikų maldas ir trokšta, kad jie gyventų palaimintą gyvenimą, deramą Dievo vaikams.

Kiekvienas ištikimas Dievo vaikas turi valdžią, teisėtai suteikiamą Dievo vaikams. Su šia valdžia jie turi gyventi gyvenimą, kuriame viskas įmanoma, nieko nestokoti ir džiaugtis palaiminimais, niekam nieko nepavydėdami ir nelaikydami jokios pagiežos. Gyvendami klestintį gyvenimą, kupiną stiprybės ir sėkmės, jie atneša garbę Dievui.

Norėdamas džiaugtis šiuo palaimintu gyvenimu tikintysis turi gerai suprasti dvasinės karalystės įstatymą, sąlygojantį Dievo atsakymus, ir gauti viską, ko prašo iš Dievo Jėzaus Kristaus vardu.

Šioje knygoje sudėti mano pamokslai, kuriuos sakiau visiems tikintiesiems, ypač tiems, kurie neabejodami tiki visagaliu Dievu ir trokšta gyventi Dievo atsakymų kupiną gyvenimą.

Tegul knyga „Mano Tėvas duos jums mano vardu" tampa vadovu, padedančiu visiems skaitytojams suprasti dvasinės karalystės įstatymą, sąlygojantį Dievo atsakymus, ir gauti viską, ko jie prašo maldoje, meldžiu Jėzaus Kristaus vardu!

Lenkiuosi Dievui ir garbinu Jį už tai, kad leido išleisti šią knygą, skelbiančią Jo brangų žodį, ir nuoširdžiai dėkoju visiems, kurie uoliu darbu prisidėjo prie šio leidinio.

Jaerock Lee

Turinys

MANO TĖVAS DUOS JUMS MANO VARDU

Įžanga

1 skyrius
Keliai į Dievo atsakymus   1

2 skyrius
Vis tiek turime Jo prašyti   13

3 skyrius
Dvasinis įstatymas, sąlygojantis Dievo atsakymus   23

4 skyrius
Sugriaukite nuodėmės sieną   35

5 skyrius
Jūs pjausite, ką sėjate   47

6 skyrius
Elijas gavo Dievo atsakymą ugnimi   61

7 skyrius
Kaip gauti, ko trokšta tavo širdis   71

1 skyrius

Keliai į Dievo atsakymus

Vaikeliai, nemylėkite žodžiu ar liežuviu, bet darbu ir tiesa. Tuo mes pažinsime, jog esame iš tiesos, ir jo akivaizdoje nuraminsime savo širdį, jei mūsų širdis imtų mus smerkti: Dievas didesnis už mūsų širdį ir viską pažįsta. Mylimieji, jei širdis mūsų nesmerkia, mes pasitikime Dievu ir gauname iš jo, ko prašome, nes laikomės jo įsakymų ir darome,
kas jam patinka

(Jono pirmas laiškas 3, 18-22).

Vienas iš didžiulio džiaugsmo šaltinių Dievo vaikams yra faktas, kad visagalis Dievas gyvas, atsako į jų maldas ir viskas išeina jiems į gera. Tikintys šiuo faktu žmonės karštai meldžiasi, kad gautų viską, ko prašo iš Dievo, ir garbintų Jį iš visos širdies.

Jono pirmas laiškas 5, 14 sako: *„Mes tvirtai pasitikime juo, nes ko tik prašome pagal jo valią, jis mūsų išklauso."* Ši eilutė primena mums, kad prašydami pagal Dievo valią turime teisę gauti iš Jo, ko tik prašome. Kad ir koks nedoras būtų tėvas, jis neduos akmens savo sūnui, paprašiusiam duonos, ir prašančiam žuvies neatkiš gyvatės. Tai ar Dievas gali neduoti savo vaikams gerų dovanų, kai šie prašo?

Kai kanaanietė Evangelijoje pagal Matą 15, 21-28 atėjo pas Jėzų, ji ne tik gavo atsakymą į maldą, bet ir jos širdies troškimas buvo išpildytas. Nors jos duktė kentėjo nuo baisaus demonų apsėdimo, moteris prašė Jėzaus išgydyti jos vaiką, nes tikėjo, kad tikinčiam viskas galima. Kaip Jėzus pasielgė su šia pagone, kuri neatlyždama maldavo išgydyti jos dukterį? Kaip pasakyta Evangelijoje pagal Joną 16, 23: *„Tą dieną jūs manęs nieko neklausinėsite. Iš tiesų, iš tiesų sakau jums: jei tik prašysite Tėvą mano vardu, jis duos tai jums,"* pamatęs šios moters tikėjimą Jėzus iš karto išpildė jos prašymą. *„O moterie, didis tavo tikėjimas! Tebūnie tau, kaip prašai"* (Evangelija pagal Matą 15, 28).

Koks nuostabus ir mielas Dievo atsakymas!

Jeigu tikime į gyvąjį Dievą, būdami Dievo vaikais turime

atnešti Jam garbę, gaudami viską, ko prašome. Apžvelkime kelius į Dievo atsakymus pagal Biblijos tiesas, kuriomis paremtas šis skyrius.

1. Turime tikėti į Dievą, kuris pažadėjo atsakyti mums

Biblijoje Dievas daug kartų pažadėjo, kad tikrai atsakys į mūsų maldas ir prašymus. Tik neabejodami šiuo pažadu galime karštai melstis ir gauti viską, ko prašome iš Dievo.

Skaičių knygoje 23, 19 parašyta: *„Dievas nėra žmogus, kad meluotų, ar mirtingasis, kad keistų savo mintį. Tai argi jis neįvykdys, ką pažadėjo? Argi jis nepadarys, ką pasakė?"* Evangelijoje pagal Matą 7, 7-8 Dievas pažadėjo: *„Prašykite, ir jums bus duota, ieškokite, ir rasite, belskite, ir bus jums atidaryta. Kiekvienas, kas prašo, gauna, kas ieško, randa, ir beldžiančiam atidaroma."*

Visoje Biblijoje yra daug vietų, kuriose Dievas pažada atsakyti mums, kai prašysime pagal Jo valią. Žemiau pateikti keli pavyzdžiai:

„Todėl sakau jums: ko tik melsdamiesi prašote, tikėkite gavę, ir tikrai taip bus" (Evangelija pagal Morkų 11, 24).

„Jei pasiliksite manyje ir mano žodžiai pasiliks jumyse, jūs prašysite, ko tik norėsite, ir bus jums suteikta" (Evangelija pagal Joną 15, 7).

„Ir ko tik prašysite mano vardu, aš padarysiu, kad Tėvas būtų pašlovintas Sūnuje" (Evangelija pagal Joną 14, 13).

„Kai jūs šauksitės manęs, kai ateisite ir kreipsitės į mane malda, aš jus išklausysiu. Kai manęs ieškosite, rasite mane. Taip, jeigu visa širdimi manęs ieškosite" (Jeremijo knyga 29, 12-13).

„Šaukis manęs vargo dieną; išgelbėsiu tave, ir tu mane šlovinsi" (Psalmynas 50, 15).

Dievas ne sykį pažadėjo tai Senajame ir Naujajame testamentuose. Net jeigu būtų tik viena Biblijos eilutė su šiuo pažadu, mes tvirtai ja tikėtume ir melstume atsakymų iš Dievo. Tačiau šis pažadas daug kartų pakartotas Biblijoje, todėl turime tikėti, kad Dievas gyvas ir yra tas pats vakar, šiandien ir per amžius (Laiškas hebrajams 13, 8).

Be to, Biblija pasakoja apie daug palaimintų vyrų ir moterų, kurie tikėjo Dievo žodžiu, prašė ir gavo Jo atsakymus. Turime sekti šių žmonių tikėjimu ir širdimi,. kad gyventume visada gaudami atsakymus iš Dievo.

Kai Evangelijoje pagal Morkų 2, 1-12 Jėzus pasakė paralitikui: *„Tau atleidžiamos nuodėmės, kelkis, imk savo neštuvus ir eik namo,"* šis atsikėlė, pasiėmė neštuvus ir visų akyse nuėjo sau, ir visi be galo stebėjosi ir šlovino Dievą.

Šimtininkas Evangelijoje pagal Matą 8, 5-13 atėjo pas Jėzų dėl savo tarno, kuris gulėjo paralyžiuotas namuose, baisiai kankindamasis, ir paprašė: *„Tik tark žodį, ir mano tarnas pasveiks."* Jėzus jam atsakė: *„Eik, tebūnie tau, kaip įtikėjai!"* Ir tą pačią valandą šimtininko tarnas pagijo.

Raupsuotasis Evangelijoje pagal Morkų 1, 40-42 atėjo pas Jėzų ir parpuolęs ant kelių maldavo: „Jei panorėsi, gali mane padaryti švarų." Jėzus, pasigailėjęs jo, ištiesė ranką, palietė jį ir tarė: „Noriu, būk švarus!" Tuojau pat raupsai pranyko, ir jis tapo švarus.

Dievas duoda visiems žmonėms, ko jie iš Jo prašo Jėzaus Kristaus vardu. Dievas nori, kad visi žmonės tikėtų į Jį, kuris pažadėjo atsakyti į jų maldas, melstųsi nesvyruojančia širdimi nepaliaudami ir taptų Jo palaimintais vaikais.

2. Maldos, į kurias Dievas neatsako

Kai žmonės tiki ir meldžiasi pagal Dievo valią, gyvena pagal Jo žodį ir miršta kaip kviečio grūdas, Dievas atkreipia dėmesį į jų širdį bei pasišventimą ir atsako į jų maldas. Tačiau kodėl kai kurie žmonės daug meldžiasi, bet nesulaukia Dievo atsakymų? Biblijoje daug žmonių negavo Jo atsakymų, nors ir meldėsi. Ištyrę priežastis, kodėl Dievas jų neišklausė, sužinosime, kaip mums sulaukti Jo atsakymų.

Pirma, jeigu meldžiamės paslėpę nuodėmę savo širdyje,

Dievas aiškiai pasakė, kad neatsakys į mūsų maldą. Psalmyne 66, 18 parašyta: „*Jeigu būčiau turėjęs piktą mintį širdyje, VIEŠPATS nebūtų klausęsis.*" Izaijo knyga 59, 1-2 sako: „*VIEŠPATIES ranka nėra sutrumpėjusi, kad negalėtų gelbėti, nei jo ausis apkurtusi, kad neišgirstų. Bet jūsų kaltės atskyrė jus nuo jūsų Dievo, jūsų nuodėmės uždengė jo veidą, ir jis nebegirdi jūsų.*" Priešas velnias užkirs kelią maldai dėl mūsų nuodėmės, ji nepasieks Dievo sosto.

Antra, jeigu meldžiamės, nesutardami su savo broliais, Dievas neatsakys mums, nes mūsų dangiškasis Tėvas neatleis mus, jeigu mes iš širdies neatleisime savo broliams (Evangelija pagal Matą 18, 35), mūsų malda nepasieks Dievo ir nebus išklausyta.

Trečia, jeigu meldžiamės savo įnoriams patenkinti, Dievas neatsako į mūsų maldą. Jeigu siekiame ne Jo garbės, bet maldoje vadovaujamės savo nuodėmingos prigimties geiduliais, kad naudotume savo malonumui tai, ką gauname iš Jo, Dievas mums neatsakys (Jokūbo laiškas 4, 2-3). Pavyzdžiui, tėvas duos kišenpinigių paklusniai ir uoliai besimokančiai dukrai, kada tik ši paprašys. Tačiau jis nenorės duoti pinigų nepaklusniai dukrai, kuriai nerūpi mokslas, arba labai rūpinsis, kad ji neišleistų kišenpinigių blogam tikslui. Tuo labiau, jeigu mes ko nors prašome iš blogų paskatų norėdami patenkinti savo nuodėmingos prigimties geidulius, Dievas neatsakys, kad nenuklystume į pražūties kelią.

Ketvirta, turime nesimelsti ir neprašyti už stabmeldžius (Jeremijo knyga 11, 10-11). Dievas neapkenčia stabų labiau už viską, turime melstis tik už stabmeldžių sielų išgelbėjimą. Bet kokia kita malda ar prašymas už juos liks be atsako.

Penkta, Dievas neatsako į maldas, pilnas abejonių, nes Viešpats atsako, kai prašome tikėdami ir nė kiek neabejodami (Jokūbo laiškas 1, 6-7). Esu įsitikinęs, kad daug kas iš jūsų matė pasitraukiančias neišgydomas ligas ir neišsprendžiamas problemas, žmonėms paprašius Dievo įsikišimo, nes Dievas pasakė: *„Iš tiesų sakau jums: kas pasakytų šitam kalnui: 'Pasikelk ir meskis į jūrą', ir savo širdyje nesvyruotų, bet tikėtų įvyksiant, ką sako, tai jam ir įvyktų"* (Evangelija pagal Morkų 11, 23). Pilna abejonių malda negali būti atsakyta, ir tik meldimasis pagal Dievo valią atneš nepajudinamo tikrumo jausmą.

Šešta, jei neklausome Dievo įsakymų, mūsų malda liks be atsako. Klausydami Dievo įsakymų ir darydami, kas Jam patinka, tvirtai pasitikime Dievu ir gauname, ko prašome (Jono pirmas laiškas 3, 21-22). Patarlių knyga 8, 17 sako: *„Aš myliu mane mylinčius, o manęs stropiai ieškantys mane suranda."* Su meile vykdančiųjų Dievo įsakymus malda (Jono pirmas laiškas 5, 3) tikrai bus išklausyta.

Septinta, jeigu nesėsime, negausime Dievo atsakymų. Laiške galatams 6, 7 parašyta: *„Neapsigaukite! Dievas nesiduoda* *išjuokiamas. Ką žmogus sėja, tai ir pjaus,"* ir Antras laiškas korintiečiams 9, 6 sako: *„Argi ne taip: kas šykščiai sėja, šykščiai ir pjaus, o kas dosniai sėja, dosniai ir pjaus."* Kas nesėja, tas nepjauna. Jeigu žmogus sėja maldą, jo sielai seksis; jeigu sėja aukas, sulauks finansinių palaiminimų; jeigu gerus darbus, bus palaimintas gera sveikata. Apskritai imant, jūs turite sėti tai, ką norite pjauti, kad gautumėte Dievo atsakymus.

Be aukščiau išvardintų sąlygų, jeigu žmonės nesimeldžia Jėzaus Kristaus vardu arba meldžiasi nenuoširdžiai, bet tuščiai vapendami išmoktus žodžius, jų maldos liks neatsakytos. Nesutarimai tarp vyro ir žmonos (Petro pirmas laiškas 3, 7) ir nepaklusnumas taip pat užkerta kelią Dievo atsakymams.

Turime visada prisiminti, kad aukščiau išvardintų sąlygų nevykdymas pastatys sieną tarp Dievo ir mūsų; Jis nusigręš nuo mūsų ir neatsakys į maldas. Todėl pirma turime ieškoti Dievo karalystės ir Jo teisumo, šauktis Jo maldoje, kad gautume, ko trokšta mūsų širdis, ir visada sulauksime Jo atsakymų, išlaikydami tvirtą tikėjimą iki galo.

3. Atsakymų į mūsų maldas paslaptys

Žmogaus gyvenimo Kristuje pradžioje, jis būna dvasinis kūdikis, ir Dievas iš karto atsako į jo maldas. Jeigu visos tiesos dar nežinantis žmogus pasielgia pagal Dievo žodį, kurį tik pradeda suprasti, Dievas atsako jam kaip kūdikiui, kuris verkia norėdamas pieno, ir susitinka su juo. Girdėdamas ir suprasdamas tiesą, jis išaugs iš kūdikystės ir kiek elgsis pagal tiesą, tiek Dievas jam atsakys. Jeigu žmogus išauga iš dvasinės vaikystės, bet toliau nuodėmiauja ir gyvena ne pagal Dievo žodį, jis negaus Dievo atsakymų. Tik šventėdamas jis gali sulaukti Dievo atsakymų.

Žmonės, kurie negauna Dievo atsakymų į savo maldas, pirmiausia turi atgailauti, palikti nuodėmingus kelius ir pradėti klusniai gyventi pagal Dievo žodį. Kai jie gyvena tiesoje po atgailos, kurioje persiplėšė širdį, Dievas apipila juos nuostabiais palaiminimais. Kol Jobo turimas tikėjimas buvo tik žinios, jis murmėjo prieš Dievą, susidūręs su išbandymais ir kančiomis. Kai Jobas susitiko Dievą ir persiplėšė širdį atgailaudamas, jis atleido savo bičiuliams ir gyveno pagal Dievo žodį. Savo ruožtu Dievas palaimino Jobą, duodamas dvigubai daugiau negu jis buvo anksčiau turėjęs (Jobo knyga 42, 5-10).

Jona buvo didelės žuvies prarytas dėl savo nepaklusnumo Dievo žodžiui. Tačiau kai jis meldėsi, atgailavo ir maldoje dėkojo su tikėjimu, Dievas įsakė žuviai išspjauti Joną į sausumą (Jonos knyga 2, 1-10).

Kai paliksime nuodėmingus kelius, atgailausime, gyvensime pagal Tėvo valią, tikėsime ir šauksimės Jo, priešas velnias puls mus vienu keliu, bet bėgs nuo mūsų septyniais keliais. Žinoma, ligos bei problemos su mūsų vaikais ir finansais pasitrauks. Persekiojantis vyras pavirs geru ir šiltu sutuoktiniu, ir darni šeima, skleidžianti Kristaus kvapą, atneš didžią garbę Dievui.

Jeigu palikome savo kelius, atgailavome ir gavome Jo

atsakymus į savo maldas, turime atiduoti garbę Dievui, liudydami savo džiaugsmą. Kai patinkame Jam ir atnešame garbę savo liudijimu, Dievas ne tik gauna garbę ir džiaugiasi mumis, bet ir klausia mūsų: „Ką jums duoti?"

Tarkime, mama duoda dovaną sūnui, o šis neatrodo dėkingas arba niekaip neparodo savo dėkingumo. Motinai gali nebesinorėti nieko daugiau jam duoti. Tačiau, jeigu sūnus labai apsidžiaugia ir rodo dėkingumą motinai, ši būna laiminga ir nori duoti sūnui daugiau dovanų. Tuo labiau mes gausime dar daugiau iš Dievo, kai atnešime garbę Jam, prisimindami, kad mūsų Tėvas Dievas džiaugiasi atsakydamas į savo vaikų maldas ir duoda dar geresnių dovanų tiems, kas liudija apie Jo atsakymus.

Visi prašykime pagal Dievo valią, parodykime Jam savo tikėjimą bei pasišventimą ir gaukime iš Jo, ko tik prašome. Žmogui gali atrodyti sunku parodyti Dievui savo tikėjimą ir pasišventimą. Tačiau tik po šio proceso, kurio metu atsikratome sunkių nuodėmių, sukylančių prieš tiesą, nukreipiame savo akis į amžinąjį dangų, gauname atsakymus į maldas ir užsitarnaujame atpildą dangaus karalystėje, mūsų gyvenimas bus kupinas dėkingumo bei džiaugsmo ir įgaus tikrąją prasmę. Be to, mūsų gyvenimas bus dar labiau palaimintas, nes išbandymai bei kančios bus patraukti, ir būsime tikrai paguosti Dievo vedimu ir apsauga.

Prašykite su tikėjimu, ko trokštate, karštai melskitės, kovokite su nuodėme ir vykdykite Jo įsakymus, kad gautumėte viską, ko prašote, patiktumėte Jam visuose dalykuose ir atneštumėte didžią garbę Dievui, meldžiuosi už jus Jėzaus Kristaus vardu!

2 skyrius

Vis tiek turime Jo prašyti

Atsiminsite savo nedorus kelius ir negerus darbus, bjaurėsitės patys savimi dėl savo kalčių ir bjauriųjų nusikaltimų. Tai darysiu ne dėl jūsų, tai Viešpaties DIEVO žodis, tebūna jums tai žinoma! Būkite sugėdinti ir gėdykitės dėl savo klystkelių, Izraelio namai! Taip kalba Viešpats DIEVAS: „Tą dieną, kai būsiu nuvalęs visas jūsų kaltes, apgyvendinsiu jūsų miestus, ir bus atstatyti jūsų griuvėsiai. Nuniokotasis kraštas, buvęs tyrais kiekvieno praeivio akyse, vėl bus ariamas. Žmonės sakys: 'Tas kraštas, kadaise nuniokotas, pavirto Edeno sodu, o miestai, kadaise tušti, nuniokoti ir sugriauti, dabar gyvenami ir įtvirtinami!' Tuomet tautos, išlikusios aplink jus, žinos, kad aš, VIEŠPATS, atstačiau griuvėsius, atsodinau tyrus. Aš, VIEŠPATS, pasakiau, aš ir padarysiu!"

(Ezechielio knyga 36, 31-37)

Visose šešiasdešimt šešiose Biblijos knygose mūsų Dievas, kuris yra tas pats vakar, šiandien ir per amžius (Laiškas hebrajams 13, 8), liudija faktą, kad Jis gyvas ir veikia. Visiems, kurie tikėjo ir pakluso Jo žodžiui Senojo bei Naujojo testamentų laikais ir tiki bei paklūsta šiandien, Dievas ištikimai rodė ir rodo savo darbus.

Dievas, visatos Kūrėjas ir žmonijos gyvenimo, mirties, prakeikimo ir palaiminimo Valdovas, pažadėjo laiminti mus (Pakartoto Įstatymo knyga 28, 5-6), jeigu tikėsime Jo žodžiu, užrašytu Biblijoje, ir paklusime jam. Jeigu tikrai tikime šiuo nuostabiu faktu, ko mums gali trūkti ir ko galime negauti? Skaičių knygoje 23, 19 parašyta: „*Dievas nėra žmogus, kad meluotų, ar mirtingasis, kad keistų savo mintį. Tai argi jis neįvykdys, ką pažadėjo? Argi jis nepadarys, ką pasakė?*" Ar Dievas pasako ir nepadaro? Ar Dievas pažada ir neįvykdo? Jėzus pažadėjo Evangelijoje pagal Joną 16, 23: „*Iš tiesų, iš tiesų sakau jums: jei tik prašysite Tėvą mano vardu, jis duos tai jums.*" Dievo vaikai tikrai palaiminti.

Dievo vaikams savaime suprantama gyventi, gaunant viską, ko jie prašo, ir atiduodant garbę savo dangiškajam Tėvui. Tuomet kodėl dauguma krikščionių taip negyvena? Išsiaiškinkime, kaip visada gauti Dievo atsakymus, remdamiesi šio skyriaus pradžioje cituojama Šventojo Rašto ištrauka.

1. Dievas pasakė ir padarys, bet vis tiek turime Jo prašyti

Dievo išrinktoji Izraelio tauta gavo daug palaiminimų. Izraelitams buvo pažadėta, kad jeigu jie visiškai paklus Dievo žodžiui ir uoliai vykdys jį, Dievas išaukštins juos virš visų žemės tautų ir sutriuškins visus juos puolančius priešus jų akyse (Pakartoto Įstatymo knyga 28, 1 ir 7-8). Izraelitai buvo palaiminti, kai pakluso Dievo žodžiui, bet kai elgėsi blogai, sulaužė Įstatymą ir garbino stabus, užsitraukė Dievo rūstybę ir atsidūrė nelaisvėje, o jų šalis buvo nuniokota.

Tuo metu Dievas pasakė izraelitams, kad jeigu jie atgailaus ir paliks savo nedorus kelius, Jis leis jiems vėl arti tyrais paverstą žemę ir atstatyti sugriautus miestus. Be to, Dievas davė pažadą savo tautai: *„Aš, VIEŠPATS, pasakiau, aš ir padarysiu. Leisiu Izraelio namams dar ir to iš manęs prašyti"* (Ezechielio 36, 36-37).

Kodėl Dievas pažadėjo izraelitams, kad padarys, bet taip pat ragino juos prašyti?

Nors Dievas žino, ko mums reikia, mums dar neprašius (Evangelija pagal Matą 6, 8), Jis taip pat mums pasakė: *„Prašykite, ir jums bus duota... Kiekvienas, kas prašo, gauna... Juo labiau jūsų dangiškasis Tėvas duos gera tiems, kurie jį prašo"* (Evangelija pagal Matą 7, 7-11)!

Dievas ne kartą sako Šventajame Rašte, jog turime maldoje prašyti ir šauktis Jo, kad gautume Jo atsakymus (Jeremijo knyga 33, 3; Evangelija pagal Joną 14, 14). Dievo vaikai, tikintys Jo žodžiu, vis tiek turi prašyti Dievo, nors Jis ir pažadėjo, kad padarys, ką pasakė.

Viena vertus, kai Dievas pasako: „Aš padarysiu," jeigu tikime ir vykdome Jo žodį, gausime atsakymus. Kita vertus, jeigu abejojame, bandome Dievo kantrybę, išmėginimų ir kentėjimų metu skųsdamiesi, užuot dėkoję – kitaip tariant, jeigu netikime Dievo pažadu – negausime Dievo atsakymų. Net Dievui pasakius: „Aš padarysiu," pažadas bus įvykdytas tik tuomet, kai malda ir darbais parodysime tvirtą tikėjimą Jo pažadu. Žmogus neturi tikėjimo, jeigu nieko neprašo ir nedaro, tik laukia sakydamas: „Kadangi Dievas taip pasakė, tai įvyks." Jis negaus Dievo atsakymų, nes darbai nelydi jo tikėjimo.

2. Turime prašyti, kad gautume Dievo atsakymus

Pirma, turite melstis, kad sugriautumėte sieną tarp jūsų ir Dievo.

Kai Danielius buvo paimtas į Babilono nelaisvę po Jeruzalės užėmimo, jis surado Jeremijo pranašystę Šventajame Rašte ir sužinojo, kad Jeruzalės nuniokojimas truks septyniasdešimt metų, per kuriuos Izraelis tarnaus Babilono karaliui. Septyniasdešimčiai metų praėjus, Babilono karalius, jo karalystė ir chaldėjų kraštas bus prakeikti ir visam laikui apleisti dėl savo nuodėmių. Nors tuo metu izraelitai buvo Babilono nelaisvėje, Jeremijo pranašystė apie jų nepriklausomybę ir sugrįžimą į tėvynę po septyniasdešimties metų Danieliui buvo džiaugsmo ir paguodos šaltinis.

Tačiau Danielius nesidalino savo džiaugsmingu atradimu su tautiečiais izraelitais. Jis prašė Dievo pagalbos, melsdamasis ir maldaudamas pasninku, ašutine ir pelenais. Danielius atgailavo už savo ir izraelitų nuodėmes, blogus darbus, nedorybes, maištavimą ir nusigręžimą nuo Dievo įsakymų bei nuostatų (Danieliaus knyga 9, 3-19).

Dievas apreiškė per pranašą Jeremiją ne kaip baigsis Izraelio nelaisvė Babilone; Jis išpranašavo, kad nelaisvė baigsis po septyniasdešimties metų. Danielius žinojo dvasinės karalystės įstatymą ir puikiai suprato, jog visų pirma turi būti sugriauta siena, skirianti izraelitus nuo Dievo, kad Jo žodis išsipildytų. Danielius parodė savo tikėjimą darbais.

Jam pasninkaujant ir atgailaujant – dėl savęs ir visų izraelitų – už sukilimą prieš Viešpatį, užtraukusį prakeikimą, Dievas sugriovė nuodėmės sieną, atsakė Danieliui, davė izraelitams „septyniasdešimt septynetų (savaičių)" ir atskleidė kitas paslaptis.

Kai tampame Dievo vaikais, kurie prašo pagal savo Tėvo žodį, suprantame, kad nuodėmės sienos sugriovimas yra būtina atsakymų į maldas sąlyga, ir skiriame šios sienos sugriovimui svarbiausią reikšmę.

Antra, turite melstis su tikėjimu ir paklusnumu.

Išėjimo knygoje 3, 6-8 parašyta apie Dievo pažadą Izraelio tautai, kuri vergavo Egipte, išvesti ją iš Egipto ir nuvesti į Kanaano kraštą, tekantį pienu ir medumi. Dievas pažadėjo duoti izraelitams Kanaano kraštą kaip paveldą (Išėjimo knyga 6, 8). Jis prisiekė duoti šį kraštą jų palikuonimis ir įsakė keliauti į jį (Išėjimo knyga 33, 1-3).

Pažadėtoje žemėje Dievas įsakė Izraeliui sunaikinti visus stabus ir įspėjo nesudaryti sandoros su vietos gyventojais ir jų dievais, kad izraelitai nepaspęstų žabangų savo ryšiui su Dievu. Tai buvo pažadas iš Dievo, kuris visada ištęsi savo pažadus. Tuomet kodėl izraelitai negalėjo įeiti į Kanaaną?

Netikėdami Dievu ir Jo galybe izraelitai murmėjo prieš Jį (Skaičių knyga 14, 1-3) ir nepakluso Jam, todėl neįžengė į Kanaano žemę, nors buvo atkeliavę prie pat jos slenksčio (Skaičių knyga 14, 21-23; Laiškas hebrajams 3, 18-19). Trumpai tariant, nors Dievas pažadėjo izraelitams Kanaano kraštą, jo pažadas nieko nereiškė, jeigu jie netikėjo Dievu ir nepakluso. Jeigu jie būtų tikėję Juo ir klausę Jo, pažadas tikrai būtų išsipildęs. Tik Jozuė ir Kalebas, kurie tikėjo Dievo žodžiu, kartu su izraelitų palikuonimis įžengė į Kanaaną (Jozuės knyga 14, 6-12).

Izraelio istorija rodo, kad Dievas atsako tik tuomet, kai

prašome, tikėdami Jo pažadu ir paklusdami Jam, todėl gauname Jo atsakymus, tik prašydami su tikėjimu

Nors Mozė tikrai tikėjo Dievo pažadu dėl Kanaano, dėl izraelitų netikėjimo Dievo galybe, net jam buvo neleista įžengti į pažadėtąją žemę. Kartais Dievo atsakymui pakanka vieno žmogaus tikėjimo, bet būna ir taip, kad Jis atsako tik tada, kai visi turi tikėjimą, kuris reikalingas Jo veikimui. Įžengimui į Kanaaną Dievas reikalavo visų izraelitų tikėjimo, ne tik Mozės. Tačiau Dievas nerado tikėjimo Izraelio tautoje, todėl neleido jiems įžengti į Kanaaną. Atsiminkime, kad kai Dievui reikia ne vieno, bet visų bendruomenės žmonių tikėjimo, visi turi melstis su tikėjimu bei paklusnumu ir būti vienširdžiai, kad gautų Jo atsakymus.

Kai moteris, sirgusi kraujoplūdžiu 12 metų, buvo išgydyta, palietusi Jėzaus drabužį, Jis paklausė: „Kas prisilietė prie mano apsiausto?" Ir ji turėjo visiems paliudyti apie savo išgydymą (Evangelija pagal Morkų 5, 25-34).

Žmogaus liudijimas apie Dievo darbą jo gyvenime padeda kitiems augti tikėjime ir tapti maldos žmonėmis, kurie prašo ir gauna Jo atsakymus. Dievo atsakymų gavimas tikėjimu įkvepia tikėjimą netikintiesiems ir padeda susitikti gyvąjį Dievą, tai tikrai didingas Dievo garbinimas.

Tikėdami ir paklusdami palaiminimo žodžiui, užrašytam Biblijoje, bei žinodami, kad vis tiek turime prašyti, nors Dievas sako: „Aš pasakiau ir padarysiu," visada gaukime Jo atsakymus, tapkime Jo palaimintais vaikais ir atneškime Jam garbę visa savo širdimi.

3 skyrius

Dvasinis įstatymas, sąlygojantis Dievo atsakymus

Išėjęs iš ten, Jėzus savo įpročiu pasuko į Alyvų kalną. Įkandin nuėjo ir mokiniai. Atėjus į vietą, jis įspėjo: „Melskitės, kad nepakliūtumėte į pagundą!" Jis atsitolino nuo jų maždaug per akmens metimą ir atsiklaupęs ėmė melstis: „Tėve, jei nori, atimk šitą taurę nuo manęs, tačiau tebūna ne mano, bet tavo valia!" Jam pasirodė iš dangaus angelas ir jį sustiprino. Mirtino sielvarto apimtas, jis dar karščiau meldėsi. Jo prakaitas pasidarė tarsi tiršto kraujo lašai, varvantys žemėn. Atsikėlęs po maldos, jis atėjo pas mokinius ir rado juos iš liūdesio užmigusius. Jis tarė jiems: „Kodėl miegate? Kelkitės ir melskitės, kad nepakliūtumėte į pagundą!"

(Evangelija pagal Luką 22, 39-46)

Dievo vaikai gauna išganymą ir turi teisę gauti iš Dievo viską, ko prašo su tikėjimu. Evangelijoje pagal Matą 21, 22 parašyta: *„Visa, ko tikėdami melsite, gausite."*

Tačiau daug žmonių klausia savęs, kodėl nesulaukia Dievo atsakymų į savo maldas, ir abejoja, ar jų maldos pasiekė Dievą, ar Jis apskritai juos girdi.

Kaip turime žinoti kelionės būdą ir maršrutą, kad be vargo pasiektume kelionės tikslą, taip tik žinodami maldos būdus ir kelius gausime greitus Jo atsakymus. Vien malda negarantuoja Dievo atsakymų; turime žinoti dvasinės karalystės įstatymą, sąlygojantį Jo atsakymus, ir melstis pagal šį įstatymą.

Išsiaiškinkime dvasinės karalystės įstatymą, kuris sąlygoja Dievo atsakymus, ir jo ryšį su septyniomis Dievo dvasiomis.

1. Dvasinės karalystės įstatymas, sąlygojantis Dievo atsakymus

Maldoje prašydami visagalio Dievo, ko mums reikia, sulauksime atsakymų tik tada, kai prašysime pagal dvasinės karalystės įstatymą. Žmogaus pastangos, pagrįstos jo mintimis, metodais, garbe ir žiniomis, niekada neatneš jam Dievo atsakymų.

Dievas yra teisus Teisėjas (Psalmynas 7, 12), todėl girdi mūsų maldas ir atsako į jas, reikalaudamas tinkamo jų kiekio mainais į savo atsakymus. Dievo atsakymus į mūsų maldas galima palyginti su mėsos pirkimu pas mėsininką. Jeigu Dievą palyginsime su mėsininku, šio naudojamos svarstyklės bus Dievo saikas, kuriuo Jis matuoja, remdamasis dvasinės karalystės įstatymu, ar gali prašantysis gauti atsakymą iš Jo.

Tarkime, kad nueiname pas mėsininką nusipirkti kilogramą mėsos. Kai paprašome pageidaujamo mėsos kiekio, mėsininkas deda jautieną ant svarstyklių ir, kai pasveria kilogramą, paima iš mūsų reikiamą pinigų sumą, suvynioja mėsą ir paduoda mums. Lygiai taip pat, kai Dievas atsako į mūsų maldą, Jis visada gauna reikalingą maldų kiekį iš mūsų mainais į savo atsakymus. Tai dvasinės karalystės įstatymas, sąlygojantis Dievo atsakymus.

Dievas išgirsta mūsų meldimąsi, priima iš mūsų atitinkamos vertės maldų atnašą ir paskui mums atsako. Jeigu koks nors žmogus dar negavo atsakymo iš Dievo, reiškia jis dar neatnešė Dievui tiek maldų, kiek reikia Jo atsakymams. Maldų kiekis Jo atsakymams gauti skiriasi priklausomai nuo jų turinio. Prašytojas turi melstis, kol sukaups reikalingą maldų kiekį ir įgis tikėjimą, pakankamą Dievo atsakymams gauti. Nors mes tiksliai nežinome, kokios maldų sumos Dievas reikalauja iš mūsų, Jis žino. Todėl atidžiai klausydami Šventosios Dvasios balso, vienų dalykų turime prašyti Dievo su pasninku, kitų – melsdamiesi visą naktį, dar kitų – su ašaromis ir dar kitų dėkodami. Šie darbai sukaupia maldų sumą, reikalingą Dievo atsakymams gauti, ir Jis suteikia reikalingą tikėjimą bei palaimina mus savo atsakymais.

Net kai du žmonės kartu prašo, susitarę melstis tam tikrą laiką, kartais vienas gauna Dievo atsakymus vos pradėjęs melstis, o kitas nieko nesulaukia ir po viso susitarimo maldos laiko. Kaip paaiškinti šį nevienodumą?

Išmintingas Dievas viską suplanavo iš anksto ir mato ateitį. Jeigu Dievas mato, kad besimeldžiančio žmogaus širdis liks ištikima iki sutarto maldos laiko pabaigos, Jis iš karto atsako jam. Tačiau, jeigu žmogus negauna Dievo atsakymų į problemą, kurią patiria dabar, jis dar neatnešė Dievui tokios maldų sumos, kokios reikia Jo atsakymams. Kai mes susitariame melstis tam tikrą laiko tarpą, turime žinoti, kad Dievas ragina mūsų širdis sukaupti Jo atsakymams reikalingą maldų sumą. Jeigu neatnešame reikalingo maldų kiekio, negauname Dievo atsakymų.

Pavyzdžiui, jeigu koks nors vyras meldžiasi už būsimą sutuoktinę, Dievas suranda jam tinkančią nuotaką ir paruoša, kad jam viskas būtų į gera. Tai nereiškia, kad tinkama nuotaka pasirodo prieš vyro akis, kai jis nepribrendęs santuokai, vien todėl, kad jis meldėsi. Dievas atsako tiems, kurie tiki gavę Jo atsakymus, todėl savo pasirinktu metu apreikš jiems savo darbą. Tačiau, kai žmogus meldžiasi ne pagal Jo valią, joks maldų kiekis neužtikrins Dievo atsakymo. Jeigu tas vyras trokšta ir meldžiasi už savo būsimos žmonos išorines savybes, išsilavinimą, išvaizdą, turtą, garsumą ir kitas panašias – kitaip sakant, meldžiasi pasidavęs žemiško proto godumui – Dievas neatsakys jam.

Net jeigu du žmonės meldžiasi Dievui dėl tos pačios problemos, jų šventumo ir tikėjimo mastai yra skirtingi, ir jų maldų kiekis Dievui skiriasi (Apreiškimas Jonui 5, 8). Vienas gali gauti Dievo atsakymą po mėnesio, o kitas tą pačią dieną.

Be to, kuo svarbesnis Dievo atsakymas į žmogaus maldą, tuo daugiau maldų jam reikia. Pagal dvasinės karalystės įstatymą, brangus indas per sunkius išbandymus tampa aukso indu, o mažesnės vertės indas būna Dievo išbandomas ir naudojamas mažesniu mastu. Todėl niekas neturi teisti kitų, sakydamas: „Žiūrėkite, kokios nelaimės jį kankina, nepaisant jo ištikimybės!" ir nuvilti Dievo. Prisiminkime mūsų tikėjimo protėvius, Mozė buvo bandomas 40, o Jokūbas 20 metų, kol abu tapo tinkamais indais Dievo akyse ir buvo panaudoti didingiems Jo tikslams po sunkių išbandymų. Pagalvokite apie procesą, kurio metu sudaroma ir treniruojama nacionalinė futbolo rinktinė. Jeigu koks nors žaidėjas turi tinkamų gabumų ir duomenų, tik po ilgų treniruočių ir daug investuotų pastangų jis tampa tinkamas atstovauti savo šaliai.

Kai prašome Dievo didelio ar mažo atsakymo, turime sujaudinti Jo širdį, kad gautume atsakymus. Kai maldaudami prašome, Dievas bus sujaudintas ir atsakys, mums atnešus Jam reikalingą maldų kiekį, apvalius savo širdį, kad nuodėmės siena neskirtų mūsų nuo Dievo, ir atnašaujant Jam padėką bei džiaugsmą kaip mūsų tikėjimo į Jį ženklą.

2. Ryšys tarp dvasinės karalystės įstatymo ir septynių dvasių

Kaip aukščiau pateiktame palyginime apie mėsininką ir jo svarstykles, Dievas pagal dvasinės karalystės įstatymą tiksliai pasveria kiekvieno žmogaus maldų kiekį ir nustato, ar jis sukaupė reikiamą maldų sumą. Dauguma žmonių viską vertina pagal tai, ką mato, tačiau mūsų Viešpats viską tiksliai įvertina su septyniomis Dievo dvasiomis (Apreiškimas Jonui 5, 6). Kitaip tariant, kai septynios dvasios pripažįsta, kad besimeldžiantysis įvykdė dvasinio įstatymo reikalavimus, Dievas atsako į jo maldą.

Ką įvertina septynios dvasios?

Pirma, septynios dvasios įvertina tikėjimą.
Tikėjimas būna dvasinis ir kūniškas. Septynios dvasios vertina ne tikėjimą protu – ne kūnišką tikėjimą – bet dvasinį tikėjimą, gyvą ir darbų lydimą (Jokūbo laiškas 2, 22). Pavyzdžiui, Evangelijos pagal Morkų 9-ame skyriuje demonų apsėsto nebylio tėvas atėjo pas Jėzų (Evangelija pagal Morkų 9, 17) ir pasakė Jam: „Tikiu! Padėk mano netikėjimui!" Šis tėvas išpažino savo kūnišką tikėjimą, sakydamas „Tikiu" ir paprašė dvasinio tikėjimo: „Padėk mano netikėjimui!" Jėzus iš karto atsakė šiam žmogui ir išgydė berniuką (Evangelija pagal Morkų 9, 18-27).

Mes niekada nepatiksime Dievui, neturėdami tikėjimo (Laiškas hebrajams 11, 6). Tačiau mes gauname tai, ko trokšta mūsų širdis, kai patinkame Jam savo tikėjimu. Todėl, jeigu negauname Dievo atsakymų, nors Jis pasakė: *„Tebūnie tau, kaip įtikėjai!,"* tai reiškia, kad mūsų tikėjimas dar netobulas.

Antra, septynios dvasios įvertina džiaugsmą.

Pirmas laiškas tesalonikiečiams 5, 16 sako mums visuomet džiaugtis, Dievas nori, kad mes visada džiaugtumėmės. Užuot džiaugęsi sunkumų metu, šiandien daug krikščionių paskęsta susirūpinime, baimėje ir nerime. Jeigu tikrai tikėtų į gyvąjį Dievą visa savo širdimi, jie visada džiaugtųsi, nepaisant bet kokių aplinkybių. Jie džiaugtųsi amžinos dangaus karalystės viltimi, ne šiuo laikinu pasauliu.

Trečia, septynios dvasios įvertina maldas.

Mūsų Viešpats Dievas liepia mums be paliovos melstis (Pirmas laiškas tesalonikiečiams 5, 17) ir pažada duoti tiems, kas jo prašo (Evangelija pagal Matą 7, 7), todėl natūralu gauti iš Dievo tai, ko prašome melsdamiesi. Dievui patinka įprotis melstis (Evangelija pagal Luką 22, 39) atsiklaupus ir pagal Jo valią. Su šiuo nusistatymu ir kūno poza mes šaukiamės Dievo visa širdimi, ir mūsų malda būna kupina tikėjimo ir meilės. Dievas ištiria mūsų maldą. Turime melstis ne tik tuomet, kai mums ko nors reikia, arba, kai mums liūdna, ir ne berti išmoktus žodžius, bet melstis pagal Dievo valią (Evangelija pagal Luką 22, 39-41).

Ketvirta, septynios dvasios įvertina dėkingumą.

Dievas įsakė mums visokiomis aplinkybėmis dėkoti (Pirmas laiškas tesalonikiečiams 5, 18), todėl turintieji tikėjimą iš visos širdies dėkoja už viską. Jis išgelbėjo mus iš pražūties ir veda tiesos keliu į amžinąjį gyvenimą, kaip galėtume nebūti dėkingi? Turime būti dėkingi už tai, kad Dievas susitinka su tais, kas uoliai Jo ieško, ir atsako tiems, kas Jo prašo. Net patirdami sunkumų trumpame gyvenime šiame pasaulyje turime būti dėkingi, nes mūsų viltis yra amžinajame danguje.

Penkta, septynios dvasios įvertina Dievo įsakymų laikymąsi.
Jono pirmas laiškas 5, 2 sako: *„Iš to pažįstame mylį Dievo vaikus, kad mylime Dievą ir vykdome jo įsakymus,"* o Dievo įsakymai nėra sunkūs (Jono pirmas laiškas 5, 3). Įprasta malda, atsiklaupus šaukiantis Dievo, turi kilti iš meilės ir tikėjimo. Malda pagal Jo žodį yra kupina tikėjimo ir meilės Dievui.

Tačiau daug žmonių skundžiasi, kad Dievas jiems neatsako, eidami į vakarus, nors Biblija jiems sako: „Eikite į vakarus." Jiems tereikia tikėti tuo, ką Biblija jiems sako, ir paklusti jai. Jie atmeta Dievo žodį, vertina kiekvieną situaciją savo protu bei teorijomis ir meldžiasi, siekdami savo naudos, todėl Dievas nusigręžia nuo jų ir neatsako jiems. Tarkime, jūs pažadėjote draugui atvykti į Niujorko traukinių stotį, bet paskui nutarėte važiuoti autobusu. Nesvarbu, kiek lauksite autobusų stotyje, jūs nesusitiksite ten savo draugo. Jeigu einate į vakarus po to, kai Dievas liepė eiti į rytus, negalite sakyti, kad paklusote Jam. Labai liūdna ir skaudu matyti, kad tiek daug krikščionių turi būtent tokį tikėjimą. Tai nei tikėjimas, nei meilė. Jeigu sakome, kad mylime Dievą, turime vykdyti Jo įsakymus (Evangelija pagal Joną 14, 15; Jono pirmas laiškas 5, 3).

Meilė Dievui įkvėps jus dar karščiau ir uoliau melstis. Maldos atneš gausių vaisių: išgelbėtas sielas ir evangelizavimą, Dievo karalystę ir teisumą. Jūsų sielai seksis, o malda bus galinga. Jūs būsite išklausyti, atnešite garbę Dievui ir tikėsite, kad už viską bus atlyginta danguje, todėl būsite dėkingi ir nepavargsite. Jeigu išpažįstame tikėjimą į Dievą, mums savaime suprantama, kad turime laikytis Dešimties Dievo įsakymų, šešiasdešimt šešių Biblijos knygų santraukos.

Šešta, septynios dvasios įvertina ištikimybę.

Turime būti ištikimi Dievui ne kokioje nors srityje, bet visuose Jo namuose. Pirmas laiškas korintiečiams 4, 2 sako: *„O iš prievaizdų reikalaujama, kad būtų patikimi."* Žmonės, einantys Dievo duotas pareigas, turi prašyti Jo stiprybės, kad būtų ištikimi ir verti aplinkinių pasitikėjimo. Dar jie turi prašyti ištikimybės namuose ir darbe, stengdamiesi būti ištikimi visais savo darbais, išlikdami tiesoje.

Septinta, septynios dvasios įvertina meilę.

Net jeigu žmogus atitinka visus šešis aukščiau išvardintus standartus, Dievas sako, kad be meilės esame tik „skambantys cimbolai," ir didžiausioji tarp tikėjimo, vilties ir meilės yra meilė. Jėzus Kristus meile įvykdė įstatymą (Laiškas romiečiams 13, 10), ir būdami Jo vaikai turime mylėti vienas kitą.

Norėdami gauti Dievo atsakymus į savo maldas, turime būti pripažinti atitinkantys septynių dvasių standartus. Ar tai reiškia, kad ką tik įtikėjusieji, dar gerai nepažįstantys tiesos, negali gauti Dievo atsakymų?

Tarkime, kad dar nemokantis kalbėti kūdikis, vieną dieną labai aiškiai ištaria: „Mamyte!" Jo tėvai labai apsidžiaugs ir duos savo vaikui, ko tik jis panorės.

Lygiai taip pat ir septynios Dievo dvasios vertina standartų atitikimą pagal skirtingus tikėjimo laipsnius, ir Dievas atitinkamai atsako. Dievas būna sujaudintas ir su džiaugsmu atsako naujatikiui, kai šis parodo net nedidelį tikėjimą. Dievas džiaugiasi atsakydamas, kai antro ir trečio tikėjimo laipsnio tikintieji sukaupia atitinkamą tikėjimo saiką. Kai ketvirto ir penkto tikėjimo laipsnio tikintieji, gyvena ir meldžiasi pagal Dievo valią, septynios dvasios iš karto juos pripažįsta, ir jie greičiau gauna Dievo atsakymus.

Trumpai tariant, kuo aukštesnį tikėjimo laipsnį turi žmogus – kuo aiškiau supranta dvasinės karalystės įstatymą ir gyvena pagal jį – tuo greičiau gauna Dievo atsakymus. Tuomet kodėl dažnai naujatikiai greičiau gauna Dievo atsakymus? Dievo malonė pripildo naują tikintįjį Šventąja Dvasia, ir septynios dvasios pripažįsta jį tinkamu, todėl jis greičiau gauna Dievo atsakymus.

Tačiau, giliau pažinęs tiesą jis kartais aptingsta ir palaipsniui praranda pirmąją meilę, jo turėtas užsidegimas atvėsta ir atsiranda polinkis į abejingumą.

Triūsdami Dievui tapkime tinkamais septynių Dievo dvasių akyse, uoliai gyvendami tiesa, gaukime iš savo Tėvo viską, ko prašome maldoje, ir gyvenkime palaimintą gyvenimą, atnešdami garbę Jam!

4 skyrius

Sugriaukite nuodėmės sieną

VIEŠPATIES ranka nėra sutrumpėjusi,
kad negalėtų gelbėti,
nei jo ausis apkurtusi,
kad neišgirstų.
Bet jūsų kaltės atskyrė jus nuo jūsų Dievo,
jūsų nuodėmės uždengė jo veidą,
ir jis nebegirdi jūsų

(Izaijo knyga 59, 1-2).

Evangelijoje pagal Matą 7, 7-8 Dievas sako: „*Prašykite, ir jums bus duota, ieškokite, ir rasite, belskite, ir bus jums atidaryta. Kiekvienas, kas prašo, gauna, kas ieško, randa, ir beldžiančiam atidaroma*" ir pažada atsakyti į savo vaikų maldas. Tai kodėl daug žmonių negauna Dievo atsakymų į savo maldas, nepaisant Jo pažado?

Dievas neklauso nusidėjėlių maldų; Jis nugręžia nuo jų savo veidą. Jis negali atsakyti į maldas žmonėms, kuriuos nuodėmės siena atskyrė nuo Jo. Todėl norėdami džiaugtis gera sveika ir, kad viskas mums sektųsi, kaip sekasi mūsų sieloms, visų pirma turime sugriauti nuodėmės sieną, skiriančią mus nuo Dievo.

Dabar apžvelgsime skirtingus nuodėmės sienos elementus, ir raginu jus visus tapti palaimintais Dievo vaikais, kurie atgailauja už savo kaltes, jeigu nuodėmės siena atskiria juos nuo Dievo, gauna viską, ko prašo maldoje, ir atneša garbę Dievui.

1. Sugriaukite nuodėmės sieną per atgailą dėl netikėjimo į Dievą ir Viešpaties nepriėmimo savo Gelbėtoju

Šventasis Raštas sako, kad netikėjimas į Dievą ir Jėzaus Kristaus nepriėmimas savo Gelbėtoju yra nuodėmė (Evangelija pagal Joną 16, 9). Daug kas sako: „Aš neturiu nuodėmių, nes dorai ir teisingai gyvenu," bet neturėdami dvasinio pažinimo jie nesupranta nuodėmės prigimties. Dievo žodis nėra pasiekęs jų širdies, todėl šie žmonės neatskiria teisumo nuo paklydimo ir gero nuo pikto. Be to, nesuprasdami tikro teisumo, jie drąsiai vadina save gerais žmonėmis, jeigu neatrodo blogi pagal pasaulio standartus. Nesvarbu, kaip gerai žmogus galvotų apie savo gyvenimą, kai jis pažvelgia į jį Dievo Žodžio šviesoje, priėmęs į savo širdį Jėzų Kristų pamato, kad jo gyvenimas tikrai nebuvo „geras." Jis supranta, kad netikėjimas į Dievą ir Jėzaus Kristaus nepriėmimas yra didžiausios iš visų nuodėmių. Dievas įsipareigojo atsakyti tiems, kas priėmė Jėzų Kristų ir tapo Jo vaikais. Dievo vaikai turi teisę gauti Jo atsakymus į savo maldas, remdamiesi Jo pažadu.

Priežastis, dėl kurios Dievo vaikai – tikintys į Jį ir priėmę Jėzų Kristų savo Gelbėtoju – negauna atsakymų į savo maldas, yra siena, išaugusi iš jų nuodėmių ir nedorybių, atskyrusi juos nuo Dievo, kurios jie nemato. Todėl net kai jie pasninkauja ir meldžiasi kiaurą naktį, Dievas nugręžia veidą nuo jų ir neatsako į jų maldas.

2. Sunaikinkite nemeilės vienas kitam nuodėmę

Dievas mums sako, kad Jo vaikai turi mylėti vieni kitus (Jono pirmas laiškas 4, 11). Jis liepia mums mylėti net savo priešus (Evangelija pagal Matą 5, 44), todėl savo brolių neapkentimas, užuot mylėjus juos, yra nepaklusnumas Dievo žodžiui, sunki nuodėmė.

Jėzus Kristus parodė savo meilę mirtimi ant kryžiaus už žmoniją, paskendusią nuodėmėse ir piktybėse, todėl mums dera mylėti savo tėvus, brolius ir vaikus. Todėl sunkiai nusikalstame prieš Dievą, jeigu laikome širdyje neapykantą ir nenorą atleisti vienas kitam. Dievas neliepė mums rodyti Jam tokios meilės kaip Jėzaus, kuris mirė ant kryžiaus, kad atpirktų žmones iš jų nuodėmių; Jis tik paprašė mūsų paversti neapykantą kitiems atleidimu. Tuomet kodėl tai taip sunku?

Dievas sako, kad tas, kuris nekenčia savo brolio, yra „žmogžudys" (Jono pirmas laiškas 3, 15), ir mūsų Tėvas lygiai taip pat pasielgs su mumis, jeigu neatleisime savo broliams (Evangelija pagal Matą 18, 35), todėl ragina mus mylėti, nemurmėti prieš savo brolius ir vengti bet kokio teisimo (Jokūbo laiškas 5, 9).

Šventoji Dvasia gyvena kiekviename iš mūsų, todėl per Jėzų Kristų, kuris buvo nukryžiuotas ir atpirko mus iš mūsų praeities, dabarties ir ateities nuodėmių, galime mylėti visus žmones, kai atgailaujame prieš Jį, paliekame savo kelius ir gauname Jo atleidimą. Šio pasaulio žmonės netiki į Jėzų Kristų, todėl jiems nėra atleidimo, net jeigu jie atgailautų, ir jie negali dalintis tikrąja meile vienas su kitu be Šventosios Dvasios vedimo.

Net jeigu brolis nekenčia jūsų, turite išlaikyti savo širdį tiesoje, suprasti jį ir atleisti jam bei melstis už jį su meile, kad patys netaptumėte nusidėjėliais. Jeigu nekęsime savo brolių, užuot mylėję juos, nusidėsime prieš Dievą, neteksime Šventosios Dvasios pilnatvės ir tapsime pasigailėtinais kvailiais, kurie dejuoja visą gyvenimą. Tokiu atveju negalime tikėtis Dievo atsakymų į mūsų maldas.

Tik Šventosios Dvasios padedami išmokstame mylėti, suprasti, atleisti savo broliams ir gauti iš Dievo viską, ko prašome maldoje.

3. Sunaikinkite Dievo įsakymų laužymo nuodėmę

Evangelijoje pagal Joną 14, 21 Viešpats Jėzus sako: *„Kas pripažįsta mano įsakymus ir jų laikosi, tas tikrai mane myli. O kas mane myli, tą mylės mano Tėvas, ir aš jį mylėsiu ir jam apsireikšiu."* Jono pirmame laiške 3, 21 parašyta: „Mylimieji, jei širdis mūsų nesmerkia, mes pasitikime Dievu." Kitaip tariant, jeigu pasistatėme nuodėmės sieną, laužydami Dievo įsakymus, Jis neatsakys į mūsų maldas. Tik tuomet, kai Dievo vaikai laikosi Tėvo įsakymų ir saro tai, kas Jam patinka, jie gali su pasitikėjimu prašyti, ko nori, ir gauti viską, ko prašo.

Jono pirmas laiškas 3, 24 primena: *„Kas laikosi jo įsakymų, pasilieka Dieve ir Dievas jame. O kad jis mumyse pasilieka, mes žinome iš Dvasios, kurią jis mums davė."* Tik tuomet, kai širdis prisipildo tiesos, visiškai atidavus ją mūsų Viešpačiui, žmogus gyvena Šventosios Dvasios vedamas, gauna viską, ko prašo, ir jo gyvenimas tampa sėkmingas visose srityse.

Pavyzdžiui, jeigu žmogus savo širdyje turėtų šimtą kambarių ir visus atiduotų Viešpačiui, jo sielai sektųsi, ir jis būtų palaimintas visose gyvenimo srityse. Tačiau jeigu šis žmogus atiduotų Viešpačiui penkiasdešimt širdies kambarių, o kitus penkiasdešimt naudotų savo nuožiūra, ne visada gautų Dievo atsakymus, nes tik pusė jo maldų būtų Šventosios Dvasios vedamos, o likusios būtų įkvėptos jo kūno geidulių. Mūsų Viešpats gyvena kiekviename iš mūsų, todėl kai susiduriame su kliūtimi, jis sustiprina mus ir padeda ją apeiti arba įveikti. Net mums einant per tamsiausią slėnį Jis apsaugo mus, viską paverčia į gera ir veda pergalės keliu.

Kai patinkame Dievui, laikydamiesi Jo įsakymų, gyvename jame, o Jis mumyse, ir atnešame garbę Jam, gaudami viską, ko prašome maldoje. Sugriaukime Dievo įsakymų laužymo nuodėmės sieną, pradėkime jų laikytis, pasitikėkime Dievu ir atneškime Jam garbę gaudami, ko prašome.

4. Sugriaukite meldimosi savo geiduliams patenkinti nuodėmės sieną

Dievas liepė mums viską gyvenime daryti Jo garbei (Pirmas laiškas korintiečiams 10, 31). Jeigu melsdamiesi prašome bet ko, išskyrus Jo garbę, mes siekiame patenkinti savo troškimus ir kūno geidulius, todėl negausime Dievo atsakymų (Jokūbo laiškas 4, 3).

Viena vertus, jeigu siekiate materialinių palaiminimų Dievo karalystei ir Jo teisumui, kad padėtumėte vargšams ir sielų išgelbėjimui, jūs gausite Dievo atsakymus, nes ieškote Jo garbės. Kita vertus, jei prašote materialinių palaiminimų, kad pasigirtumėte broliui, kuris jums papriekaištavo: „Kaip tu gali būti neturtingas, lankydamas bažnyčią?" jūs prašote savo geidulių patenkinimo ir nesulauksite atsakymo į savo maldą. Net šiame pasaulyje tikrai mylintys savo vaiką tėvai neduos jam šimto dolerių iššvaistymui prekybos centre. Tuo labiau Dievas nenori, kad Jo vaikai pasuktų į klystkelius ir todėl neatsako į kiekvieną savo vaikų prašymą.

Jono pirmame laiške 5, 14-15 parašyta: *„Mes tvirtai pasitikime juo, nes ko tik prašome pagal jo valią, jis mūsų išklauso. O jeigu žinome, kad jis mūsų išklauso, ko tik prašome, tai ir žinome turį, ko esame prašę."* Tik atsikratę savo geidulių ir melsdamiesi pagal Dievo valią, ieškodami Jo garbės, gausime viską, ko prašome maldose.

5. Sugriaukite abejojimo maldoje nuodėmės sieną

Dievas džiaugiasi, kai rodome savo tikėjimą, be tikėjimo neįmanoma patikti Dievui (Laiškas hebrajams 11, 6). Biblijoje daug pavyzdžių, kaip Dievas atsakė žmonėms, kurie parodė tikėjimą (Evangelija pagal Matą 20, 29-34; Evangelija pagal Morkų 5, 22-43; 9, 17-27 ir 10, 46-52). Kai žmonėms nepavykdavo parodyti tikėjimo, jie buvo peikiami ir vadinami „mažatikiais," net jeigu tai buvo Jėzaus mokiniai (Evangelija pagal Matą 8, 23-27). Kai žmonės parodydavo didelį tikėjimą į Dievą, net pagonys buvo giriami (Evangelija pagal Matą 15, 28).

Dievas bara ne tik negalinčius tikėti, bet ir tuos, kas nors truputį abejoja (Evangelija pagal Morkų 9, 16-29), ir sako mums, kad jeigu melsdamiesi nors kiek abejojame, neturime manyti ką nors gausią iš Viešpaties (Jokūbo laiškas 1, 6-7). Kitaip tariant, net pasninkas ir malda per kiaurą naktį neatneš Dievo atsakymų, jeigu melsimės abejodami.

Be to, Dievas sako: *„Iš tiesų sakau jums: kas pasakytų šitam kalnui: 'Pasikelk ir meskis į jūrą', ir savo širdyje nesvyruotų, bet tikėtų įvyksiant, ką sako, tai jam ir įvyktų. Todėl sakau jums: ko tik melsdamiesi prašote, tikėkite gavę, ir tikrai taip bus"* (Evangelija pagal Morkų 11, 23-24).

„Dievas nėra žmogus, kad meluotų, ar mirtingasis, kad keistų savo mintį" (Skaičių knyga 23, 19), todėl, kaip pažadėjo, tikrai atsako į maldas visų, kurie tiki ir prašo Jo garbei. Žmonės, kurie myli Dievą ir turi tikėjimą, ieško Dievo garbės, todėl jiems pasakyta prašyti, ko tik nori. Kai jie tiki, prašo ir gauna atsakymus, ko beprašytų, šie žmonės atneša garbę Dievui. Atsikratykime visų abejonių, tikėkime, prašykime ir gaukime atsakymus iš Dievo, kad atneštume Jam garbę iš visos širdies.

6. Sugriaukite sėjimo ne Dievo garbei nuodėmės sieną

Būdamas visatos Valdovas, Dievas nustatė dvasinės karalystės įstatymą ir viską valdo pagal nustatytą tvarką, nes Jis yra teisingas Teisėjas.

Karalius Darijus negalėjo išgelbėti savo mylimo tarno

Danieliaus iš liūtų duobės, nes net būdamas karaliumi negalėjo sulaužyti savo įsakymo, išleisto raštu. Taip pat ir Dievas negali laužyti dvasinės karalystės įstatymo, kurį Jis pats nustatė, ir viskas visatoje vyksta pagal Dievo sistemą su Jo priežiūra. „Dievas nesiduoda išjuokiamas" ir leidžia žmogui pjauti tai, ką jis sėja (Laiškas galatams 6, 7). Kas sėja maldą, tas sulaukia dvasinių palaiminimų; kas sėja savo laiką, tas būna palaimintas gera sveikata; kas sėja aukas, tą Dievas saugo nuo bėdų versle, darbe ir namuose bei apipila dar gausesniais materialiais palaiminimais.

Kai įvairiais būdais sėjame Dievo garbei, Jis atsako į mūsų maldas ir duoda, ko tik prašo. Uoliai sėdami Dievo garbei ne tik gausiai atnešame vaisių, bet ir gauname, ko tik prašome maldoje.

Be šešių aukščiau išvardintų nuodėmės sienų, „nuodėmės" sąvoka apima ir kitus kūno geidulius ir darbus: neteisumą, pavydą, įniršį, pyktį, puikybę, nesipriešinimą nuodėmei iki kraujo ir abejingumą Dievo karalystei. Žinodami ir suprasdami įvairius veiksnius, statančius sieną tarp Dievo ir mūsų, sugriaukime nuodėmės sieną ir visada gaukime Jo atsakymus, atnešdami Jam garbę. Visi mes turime tapti tikinčiaisiais, kurie džiaugiasi gera sveikata, ir kuriems viskas sekasi taip gerai, kaip sekasi mūsų sieloms.

Remdamiesi Dievo žodžiu Izaijo knygoje 59, 1-2, ištyrėme daug veiksnių, prisidedančių prie sienos statymo tarp Dievo ir mūsų. Tegul kiekvienas iš jūsų tampa palaimintu Dievo vaiku, kuris supranta šios sienos kilmę, džiaugiasi gera sveikata ir kuriam viskas sekasi taip gerai, kaip sekasi jo sielai, ir atneša garbę savo dangiškajam Tėvui, gaudamas viską, ko prašo maldoje, meldžiu Jėzaus Kristaus vardu!

5 skyrius

Jūs pjausite, ką sėjate

Argi ne taip: kas šykščiai sėja, šykščiai ir pjaus,
o kas dosniai sėja, dosniai ir pjaus.
Kiekvienas tegul aukoja, kaip yra širdyje nutaręs, ne gailėdamas
ar tarsi verčiamas, nes Dievas myli linksmą davėją

(Antras laiškas korintiečiams 9, 6-7).

Kiekvieną rudenį matome gausybę aukso bangų javų laukuose. Laukdami derliaus ūkininkai daug triūsė, tręšė dirvą, sėjo, prižiūrėjo daigus pavasarį ir visą vasarą.

Ūkininkas, turintis daug žemės ir daug sėjantis turi dirbti daugiau negu tas, kuris sėja mažiau. Tačiau tikėdamasis didelio derliaus jis uoliai triūsia. Kaip byloja gamtos dėsnis: „ką pasėjai, tą ir pjausi," taip ir dvasinėje karalystėje veikia tas pats Dievo, kuris yra Šeimininkas, įstatymas.

Kai kurie iš mūsų laikų krikščionių prašo Dievo išpildyti jų troškimų, nieko nesėdami, kiti skundžiasi, kad nesulaukia Jo atsakymų, nors daug meldžiasi. Dievas nori apipilti savo vaikus gausiais palaiminimais ir išspręsti visas jų problemas, bet žmonės dažnai nesupranta sėjos ir pjūties dėsnio, todėl negauna iš Dievo, ko trokšta.

Remdamiesi gamtos dėsniu „ką pasėsi, tą ir pjausi," išsiaiškinkime ką ir kaip turime sėti, kad visada gautume Dievo atsakymus ir atneštume Jam deramą garbę.

1. Pirmiausia žemė turi būti įdirbta

Prieš sėdamas ūkininkas turi įdirbti žemę, kurioje sės. Jis išrenka akmenis, išlygina paviršių ir sukuria sąlygas, tinkančias augalams. Įdėjus daug triūso, net apleista žemė gali būti paversta derlinga dirva.

Biblija palygina žmogaus širdį su keturių skirtingų rūšių žeme

(Evangelija pagal Matą 13, 3-9).

Pirmoji rūšis yra "žemė prie kelio."
Žemė prie kelio būna kieta. Tokios širdies žmogus ateina į bažnyčią, bet net išgirdęs Dievo žodį, neatveria savo širdies durų. Jis negali pažinti Dievo ir dėl nepakankamo tikėjimo neina į šviesą.

Antroji rūšis yra "žemė tarp uolų."
Žemėje tarp uolų augalai blogai auga. Tokios širdies žmogus tiki Dievo žodžiu tik protu, jo tikėjimo nelydi darbai. Turėdamas netvirtą tikėjimą jis greitai atpuola išbandymų ir kentėjimų metu.

Trečioji rūšis yra "žemė tarp erškėčių."
Šioje žemėje erškėčiai nustelbia visus kitus augalus, ir šie lieka be vaisių. Turintysis tokią širdį tiki Dievo žodžiu ir bando gyventi pagal jį, tačiau elgiasi ne pagal Dievo valią, bet pagal kūno troškimus, nes širdyje pasėto žodžio augimui trukdo turto ir pelno pagundos bei pasaulio rūpesčiai, ir jis neatneša vaisių. Net melsdamasis jis negali pasikliauti „nematomu" Dievu ir greitai pasineria į savo mintis ir sumanymus. Jis negali patirti Dievo artybės ir galios, nes Viešpats tik iš tolo gali žiūrėti į tokį žmogų.

Ketvirtoji rūšis yra "gera žemė."
Tikintysis, turintis „geros žemės" širdį, sako tik „Amen" visam Dievo žodžiui ir paklūsta jam tikėjimu, nepridėdamas

savo minčių ir nesvarstydamas. Kai sėklos krenta į gerą žemę, jos gerai auga ir atneša šimteriopą, šešiasdešimteriopą arba trisdešimteriopą derlių.

Jėzus sakė tik „Amen" ir buvo ištikimas Dievo žodžiui (Laiškas filipiečiams 2, 5-8). Taip pat ir tikintysis, turintis „gerą žemę" širdyje, yra besąlygiškai ištikimas Dievo žodžiui ir gyvena pagal jį. Jeigu Jo žodis sako visuomet džiaugtis, jis džiaugiasi bet kokiose aplinkybėse. Jeigu Jo žodis sako be paliovos melstis, jis nepaliaudamas meldžiasi. Žmogus su „geros žemės" širdimi visada bendrauja su Dievu, gauna, ko tik prašo maldoje, ir gyvena pagal Jo valią.

Nesvarbu kokios rūšies žemė šiuo metu mūsų širdyje, visada galime paversti ją gera žeme. Galime suarti uolėtą žemę, išrinkti akmenis, išrauti erškėčius ir patręšti dirvą.

Kaip paruošti širdyje „gerą žemę"?

Pirma, turime garbinti Dievą dvasia ir tiesa.
Turime atiduoti Dievui visas savo mintis, valią, pasiryžimą bei jėgas ir su meile paaukoti Jam savo širdį. Tik tuomet būsime apsaugoti nuo tuščių minčių, nuovargio bei mieguistumo ir paversime savo širdį gera žeme su pagalba iš aukštybių.

Antra, turime atmesti nuodėmes, grumdamiesi iki kraujo.
Kai visiškai paklūstame visam Dievo žodžiui, įskaitant visus

įsakymus, ką daryti, ko nedaryti ir gyvename pagal jį, mūsų širdis palaipsniui pavirsta gera žeme. Pavyzdžiui, kai atrandame savyje pavydą, įtarumą, neapykantą ir kitas ydas, karštai melsdamiesi galime paversti savo širdį į gerą žemę.

Kai nuolat tiriame savo širdies žemę ir uoliai ją dirbame, mūsų tikėjimas auga, ir visi mūsų reikalai gerai sekasi Dievo meilėje. Turime uoliai dirbti savo širdies žemę, nes kuo labiau gyvenime vadovausimės Dievo žodžiu, tuo daugiau įgysime dvasinio tikėjimo. Kuo didesnis mūsų dvasinis tikėjimas, tuo geresnė širdies žemė. Todėl turime kuo uoliau ugdyti savo širdį.

2. Turime sėti skirtingas sėklas

Ūkininkas, įdirbęs žemę, pradeda sėją. Mes stengiamės valgyti įvairų subalansuotą maistą sveikatai palaikyti, ir ūkininkas sėja bei augina įvairius augalus: ryžius, kviečius, daržoves, pupeles ir kitus.

Turime sėti Dievo garbei daug skirtingų dalykų. „Sėjimas" dvasine prasme reiškia paklusnumą Dievo įsakymams, kuriais Jis sako, ką reikia daryti. Pavyzdžiui, jeigu Dievas sako mums visuomet džiaugtis, galime sėti savo džiaugsmą, kylantį iš dangaus vilties, ir Dievas suteiks mums, ko trokšta mūsų širdis (Psalmynas 37, 4). Jeigu Jis sako mums skelbti gerąją naujieną, turime uoliai skleisti Dievo žodį. Jeigu Jis liepia mylėti vienas kitą, būti ištikimiems, dėkingiems ir melstis, turime uoliai daryti būtent tai, kas mums pasakyta.

Be to, kai gyvendami pagal Dievo žodį atnešame Jam dešimtinę ir švenčiame šabą, sėjame Jo garbei, ir tai, ką sėjame, išdygs, gerai augs, sužydės ir atneš gausių vaisių.

Jeigu sėjame šykščiai, nenoriai arba prisiversdami, Dievas nepriima mūsų pastangų. Kaip ūkininkas sėja, vildamasis gero derliaus rudenį, turime tikėjimu nukreipti savo akis į Dievą, kuris mūsų sėją palaimina šimteriopu, šešiasdešimteriopu arba trisdešimteriopu derliumi.

Laiškas hebrajams 11, 6 sako: „*Be tikėjimo neįmanoma patikti Dievui. Kas artinasi prie Dievo, tam būtina tikėti, kad jis yra ir jo ieškantiems atsilygina.*" Kai pasikliaujame Jo žodžiu ir žvelgdami į Dievą, kuris mums atlygina, sėjame Jo garbei, pjauname gausų derlių šiame pasaulyje ir kraname sau turtus dangaus karalystėje.

3. Pasėlys turi būti kantriai ir uoliai prižiūrimas

Apsėjęs lauką ūkininkas labai rūpestingai prižiūri pasėlį. Jis laisto augalus, ravi piktžoles ir naikina kenkėjus. Be kantraus darbo išdygę augalai nuvystų, neatnešę vaisių.

Dvasine prasme vanduo reiškia Dievo žodį. Jėzus sako Evangelijoje pagal Joną 4, 14: „*O kas gers vandenį, kurį aš duosiu, tas nebetrokš per amžius, ir vanduo, kurį jam duosiu, taps jame versme vandens, trykštančio į amžinąjį gyvenimą.*" Vanduo simbolizuoja amžinąjį gyvenimą ir tiesą. „Kenkėjų naikinimas" yra Dievo žodžio, pasėto mūsų širdies žemėje, saugojimas nuo priešo velnio. Garbindami bei šlovindami Dievą ir melsdamiesi iš visos širdies išsaugome gerą žemę, net jeigu priešas velnias ateina ir bando ją sugadinti.

„Piktžolių ravėjimas" yra procesas: atsikratome melo, įniršio, neapykantos ir kitų ydų. Uoliai melsdamiesi ir stengdamiesi atsikratyti įniršio ir neapykantos, išrauname įniršį, ir išdygsta romumo sėkla, o išrovus neapykantą, meilės sėkla išleidžia daigus. Kai išravime netiesą širdyje ir apsiginame nuo priešo velnio, augame tikėjime ir tampame ištikimais Dievo vaikais.

Svarbus žemės priežiūros veiksnys, apsėjus lauką, yra kantrus laukimas. Jeigu ūkininkas po sėjos ims kasinėti žemę ir žiūrėti, ar augalai dygsta, sėklos supus. Laukiant derliaus, reikia daug kantrybės ir ištvermės.

Vaisių subrandinimo laikas priklauso nuo sėklų rūšies. Melionų ir arbūzų sėklos subrandina vaisius greičiau negu per metus, obelims ir kriaušėms reikia kelerių metų. Ženšenio augintojo džiaugsmas, sulaukus derliaus, daug didesnis negu melionų ir arbūzų augintojo, nes daug metų auginamo ženšenio vertė nepalyginamai didesnė už arbūzo, užaugančio per trumpą laiką.

Lygiai tai pat ir mes, sėdami Dievo garbei pagal Jo žodį, neretai greitai gauname atsakymus ir sulaukiame vaisių, bet kartais prireikia daug daugiau laiko. Laiškas galatams 6, 9 primena: *„Nepailskime daryti gera; jei neaptingsime, atėjus metui pjausime derlių!"* Laukdami derliaus turime uoliai ir kantriai prižiūrėti savo žemę.

4. Jūs pjaunate, ką pasėjote

Evangelijoje pagal Joną 12, 24 Jėzus sako: *„Iš tiesų, iš tiesų sakau jums: jei kviečio grūdas kritęs į žemę nemirs, jis liks vienas, o jei mirs, jis duos gausių vaisių."* Teisingasis Dievas pagal savo įstatymą pasėjo Jėzų Kristų, savo vienatinį Sūnų, kaip žmonijos atperkamąją auką, leido Jam tapti kviečio grūdu, kristi į žemę ir mirti. Savo mirtimi Jėzus atnešė gausių vaisių.

Dvasinės karalystės dėsnis yra tas pats kaip ir gamtos dėsnis, bylojantis: „Ką pasėsi, tą ir pjausi." Dievo dėsnis negali būti paneigtas. Laiškas galatams 6, 7-8 aiškiai sako: *„Neapsigaukite! Dievas nesiduoda išjuokiamas. Ką žmogus sėja, tai ir pjaus. Kas sėja savo kūnui, tas iš kūno pjaus pražūtį, o kas sėja Dvasiai, tas iš Dvasios pjaus amžinąjį gyvenimą."*

Kai ūkininkas apsėja savo laukus, priklausomai nuo sėklų rūšių, vienų augalų derliaus sulaukia greičiau negu kitų ir toliau sėja. Kuo daugiau jis sėja ir kuo uoliau dirba žemę, tuo didesnio derliaus sulaukia. Tuo labiau ir santykiuose su Dievu mes pjauname, ką pasėjame.

Jeigu sėjate maldą ir Dievo šlovinimą, jūs gyvensite pagal Dievo žodį su galia iš aukštybių, ir jūsų sielai seksis. Jeigu jūs ištikimai darbuojatės Dievo karalystei, visos ligos pasitrauks nuo jūsų, jūsų kūnas ir dvasia bus palaiminti. Jeigu uoliai sėjate materialine gėrybes, dešimtinę ir padėkos aukas, Jis suteiks jums materialinių palaiminimų ir padės juos panaudoti Jo karalystei ir teisumui.

Viešpats atlygina visiems pagal darbus ir Evangelijoje pagal Joną 5, 29 sako: *„Kurie darė gera, prisikels gyventi, kurie darė bloga, prisikels stoti į teismą."* Todėl turime gyventi Šventosios Dvasios vedami ir daryti gera.

Jeigu žmogus sėja ne Šventosios Dvasios, bet savo geidulių įkvėptas, jis pjaus tik laikinas šio pasaulio gėrybes. Jeigu teisiate kitus, patys būsite teisiami, nes Dievo žodis sako: *„Neteiskite, kad nebūtumėte teisiami. Kokiu teismu teisiate, tokiu ir patys būsite teisiami, ir kokiu saiku seikite, tokiu ir jums bus atseikėta"*(Evangelija pagal Matą 7, 1-2).

Dievas atleido visas mūsų nuodėmes, kurias padarėme prieš priimdami Jėzų Kristų, bet jeigu darome nuodėmes, pažinę tiesą ir žinodami, kas yra nuodėmė, atgailaudami gausime atleidimą, tačiau vis tiek susilauksime atpildo.

Jeigu jūs pasėjote nuodėmę, pagal dvasinės karalystės dėsnį pjausite savo nuodėmės vaisius – susidursite su išbandymais ir kančiomis.

Kai Dievo mylimas Dovydas nusidėjo, Jis pasakė jam: *"Tad kodėl paniekinai VIEŠPATIES žodį ir darei, kas nedora jo akyse?"* ir *"*Tikėk manimi, aš sukelsiu prieš tave pikta tavo namuose" (Samuelio antra knyga 12, 9 ir 11). Dovydas gavo atleidimą, nes atgailavo: „Nusidėjau VIEŠPAČIUI!" Bet Dievas pasiėmė kūdikį, Ūrijos žmonos pagimdytą Dovydui (Samuelio antra knyga 12, 13-15).

Turime gyventi tiesoje ir daryti gera atsimindami, kad pjauname, ką pasėjame, sėti su Šventosios Dvasios įkvėpimu, gauti per Ją amžinąjį gyvenimą ir gausius Dievo palaiminimus.

Biblija mini daug žmonių, kurie patiko Dievui ir buvo gausiai Jo palaiminti. Viena moteris Šuneme visada labai pagarbiai ir mandagiai elgėsi su Dievo žmogumi Eliziejumi, kuris apsistodavo jos namuose, kai ateidavo į tą vietovę. Pasitarusi su vyru dėl kambario įrengimo Eliziejui, ji pastatė jame lovą, stalą, krėslą bei žibintą ir pakvietė Eliziejų apsistoti jos namuose (Karalių antra knyga 4, 8-10).

Šios moters gerumas sujaudino Eliziejų. Sužinojęs, kad jos vyras senas, ir jie neturi vaikų, o vienintelis moters troškimas buvo susilaukti sūnaus, Eliziejus paprašė Dievo palaiminti šią moterį gimdymu, ir po vienerių metų Dievas davė jai sūnų (Karalių antra knyga 4, 11-17).

Dievas pažadėjo Psalmyne 37, 4: *"Džiaukis iš širdies VIEŠPAČIU, ir jis suteiks tau, ko trokšta tavo širdis,"* ir žymi moteris Šuneme gavo, ko troško jos širdis, kai dosniai pasirūpino Dievo tarnu (Karalių antra knyga 4, 8-17).

Apaštalų darbai 9, 36-40 pasakoja apie moterį Jopėje vardu Tabita, garsėjusią gerais darbais ir išmaldomis. Kai ji susirgo ir numirė, mokiniai pranešė apie tai Petrui. Kai jis atėjo, našlės, verkdamos ir rodydamos jam marškinius bei viršutinius drabužius, kuriuos Tabita buvo joms pasiuvus, prašė grąžinti jai gyvybę. Petras ėmė karštai melstis Dievui. Kai jis tarė: „Tabita, kelkis," ši atsimerkė ir atsisėdo. Tabita sėjo Dievo garbei, darydama gera ir padėdama vargšams, todėl buvo palaiminta, ir Dievas pratęsė jos gyvenimą.

Evangelija pagal Morkų 12, 44 mini vargšę našlę, kuri atidavė Dievui viską, ką turėjo. Jėzus Kristus, matydamas šventykloje aukojančius žmones, tarė savo mokiniams: *"Visi aukojo iš to, kas jiems atlieka, o ji iš savo neturto įmetė visa, ką turėjo, visus savo išteklius"* ir pagyrė ją. Nesunku numanyti, kad ji vėliau gavo didelių palaiminimų.

Dievas pagal dvasinės karalystė įstatymą leidžia mums pjauti, ką pasėjame, ir atlygina kiekvienam pagal darbus. Dievas veikia pagal kiekvieno tikėjimą, kaip žmogus tiki Jo žodžiu ir vykdo jį, todėl turime suprasti, kad galime gauti, ko tik prašome maldoje. Ištirkite savo širdį, uoliai dirbdami paverskite ją gera žeme, sėkite daug sėklų, kantriai ir rūpestingai prižiūrėkite jas ir sulaukite gausių vaisių, meldžiu mūsų Viešpaties Jėzaus Kristaus vardu!

6 skyrius

Elijas gavo Dievo atsakymą ugnimi

Elijas tarė Ahabui: „Pakilk, valgyk ir gerk, nes atūžia smarkus lietus." Tad Ahabas nuėjo pavalgyti ir atsigerti. Tuo tarpu Elijas, užkopęs į Karmelio viršūnę, atsisėdo ant žemės ir priglaudė veidą prie kelių. Savo tarnui jis paliepė: „Palypėk ir pasižvalgyk Jūros link." Palypėjęs tarnas pasižvalgė ir pranešė: „Nieko nėra!" Septynis kartus Elijas liepė: „Vėl nueik!" Septintą kartą tarnas pranešė: „Žiūrėk, mažas debesėlis, ne didesnis už žmogaus plaštaką, kyla nuo Jūros." Tada Elijas tarė: „Eik ir sakyk Ahabui: 'Kinkyk vežimą ir leiskis žemyn, kad lietus tavęs neužkluptų.'" Už valandėlės dangus apsiniaukė juodais debesimis, papūtė vėjas, ir pradėjo smarkiai lyti. Įlipęs į vežimą, Ahabas nuvažiavo Jezreelio link.

(Karalių pirma knyga 18, 41-45).

Galingas Dievo tarnas Elijas liudijo gyvąjį Dievą ir suteikė galimybę atgailauti stabus garbinantiems izraelitams per Dievo atsakymą ugnimi, kurios jis prašė. Be to, ten trejus su puse metų nebuvo lietaus, nes Dievas rūstinosi ant izraelitų, ir Elijas padarė stebuklą, savo malda nutraukęs sausrą ir atnešęs smarkų lietų.

Jeigu tikime į gyvąjį Dievą, savo gyvenime turime gauti Dievo atsakymą ugnimi kaip Elijas, liudyti Dievą ir atnešti Jam daug garbės.

Įsigilinę į Elijo tikėjimą, kuriuo šis gavo Dievo atsakymą ugnimi ir pamatę jo širdies troškimo išsipildymą, tapkime palaimintais Dievo vaikais, kurie visada gauna savo Tėvo atsakymus ugnimi.

1. Dievo tarno Elijo tikėjimas

Dievo išrinktieji izraelitai turėjo garbinti tik Dievą, bet jų karaliai ėmė daryti pikta Dievo akyse ir garbinti stabus. Tuo metu, kai Ahabas užėmė sostą, Izraelio tauta elgėsi labai nedorai, ir stabmeldystė pasiekė aukščiausią tašką. Dievas parodė savo rūstybę Izraeliui, atsiųsdamas trejus su puse metų trukusią sausrą. Dievas paskyrė Eliją savo tarnu ir darė per jį savo galingus darbus.

Vieną dieną Dievas tarė Elijui: *„Eik ir pasirodyk Ahabui. Aš atsiųsiu žemei lietaus"* (Karalių pirma knyga 18, 1).

Mozė, kuris išvedė izraelitus iš Egipto, iš pradžių nepakluso

Dievo paliepimui eiti pas faraoną. Kai Samueliui buvo liepta patepti Dovydą, pranašas taip pat iš pradžių nepakluso. Tačiau kai Dievas liepė Elijui pasirodyti Ahabui – karaliui, kuris trejus metus bandė jį nužudyti – pranašas besąlygiškai pakluso ir parodė Dievui patinkantį tikėjimą.

Elijas besąlygiškai tikėjo Dievu ir buvo paklusnus Jo žodžiui, todėl per šį pranašą Dievas galėjo padaryti daug galingų darbų. Dievas džiaugėsi paklusniu Elijo tikėjimu, mylėjo jį, pripažino savo tarnu, lydėjo jį visur, kur tik šis ėjo, ir palaikė kiekvieną jo poelgį. Dievas patvirtino Elijo tikėjimą ženklais, todėl šis prikėlė mirusius, gavo Dievo atsakymą ugnimi ir buvo viesulu paimtas į dangų. Nors yra tik vienas Dievas, sėdintis savo dangaus soste, visagalis Dievas prižiūri visą visatą, Jis yra visur esantis ir daro savo darbus. Evangelijoje pagal Morkų 16, 20 parašyta: *„O jie iškeliavę visur skelbė žodį, Viešpačiui drauge veikiant ir jų žodžius patvirtinant ženklais, kurie juos lydėjo."* Kai Dievas pripažįsta žmogų ir patvirtina ženklais jo tikėjimą, stebuklai ir atsakymai į žmogaus maldas yra lydimieji Dievo darbų ženklai.

2. Elijas gavo Dievo atsakymą ugnimi

Elijo tikėjimas buvo didelis, šis pranašas buvo paklusnus ir vertas Dievo pripažinimo, todėl jis drąsiai pranašavo apie sausrą, ištiksiančią Izraelį.

Elijas išdrįso pasakyti karaliui Ahabui: *„Kaip gyvas VIEŠPATS, Izraelio Dievas, kuriam aš tarnauju, šiais metais* *nebus nei rasos, nei lietaus, nebent aš duosiu žodį"* (Karalių pirma knyga 17, 1).

Dievas žinojo, kad Ahabas kėsinsis nužudyti Eliją, išpranašavusį sausrą, nuvedė pranašą prie Kerito upelio, liepė ten pasislėpti ir įsakė varnams atnešti jam duonos ir mėsos kas rytą ir kas vakarą. Kai Kerito upelis išdžiūvo, nes nebuvo lietaus, Dievas nuvedė Eliją į Sareptą ir įsakė vienai tenykštei našlei jį maitinti.

Kai našlės sūnus susirgo ir numirė, Elijas šaukėsi Dievo: *"VIEŠPATIE, mano Dieve, maldauju: tesugrįžta šio vaiko gyvastis į jo kūną"* (Karalių pirma knyga 17, 21)!

Dievas išgirdo Elijo maldą, atgaivino berniuką ir leido jam gyventi. Šiuo įvykiu Viešpats patvirtino, kad Elijas buvo Dievo žmogus, ir Dievo žodis iš jo burnos buvo tiesa (Karalių pirma knyga 17, 24).

Mūsų kartos žmonės netiki Dievu, kol nepamato ženklų ir stebuklų (Evangelija pagal Joną 4, 48). Norėdami šiandien liudyti gyvąjį Dievą, turime apsiginkluoti Elijo tikėjimu ir drąsiai skelbti evangeliją.

Trečiaisiais metais po to, kai Elijas išpranašavo Ahabui: *"Šiais metais nebus nei rasos, nei lietaus, nebent aš duosiu žodį,"* Dievas tarė savo pranašui: *"Eik ir pasirodyk Ahabui. Aš atsiųsiu žemei lietaus."* (Karalių pirma knyga 18, 1). Evangelijoje pagal Luką 4, 25 parašyta, kad *"Elijo dienomis, kai dangus buvo uždarytas trejus metus ir šešis mėnesius ir baisus badas ištiko visą kraštą."* Kitaip tariant, Izraelyje nebuvo lietaus trejus su puse metų. Prieš Elijui antrą kartą ateinant pas Ahabą, karalius tuščiai ieškojo pranašo net kaimyninėse šalyse, manydamas, kad Elijas buvo kaltas dėl trejus su puse metų trunkančios sausros.

Nors atėjęs pas Ahabą Elijas galėjo būti nužudytas, jis drąsiai pakluso Dievo žodžiui. Kai Elijas stovėjo priešais Ahabą, karalius jo paklausė: „Ar tai tu, kuris vargini Izraelį?" (Karalių pirma knyga 18, 17) Pranašas Elijas atsakė: *„Ne aš Izraelį varginau, bet tu ir tavo tėvo namai, nes atmetėte VIEŠPATIES įsakymus ir ėjote paskui Baalą"* (Karalių pirma knyga 18, 18). Jis be baimės perdavė karaliui Dievo valią. Elijas žengė dar toliau ir tarė Ahabui: *„Užtat pasiųsk surinkti visą Izraelį pas mane ant Karmelio kalno drauge su keturiais šimtais penkiasdešimt Baalo pranašų ir keturiais šimtais Ašeros pranašų, valgančių prie Jezabelės stalo"* (Karalių pirma knyga 18, 19).

Elijas žinojo, kad sausra ištiko Izraelį dėl stabmeldystės. Jis norėjo susiremti su 850 stabus garbinančių pranašų ir pareiškė: „Dievas, kuris atsako ugnimi, yra tikrasis Dievas." Elijas tikėjo į Dievą ir parodė Jam savo tikėjimą neabejodamas, kad Dievas atsakys ugnimi.

Paskui Dievo tarnas Elijas tarė Baalo pranašams: *„Išsirinkite sau vieną jautuką ir pirmi paruoškite jį, nes jūsų daugiau. Tada šaukitės savo dievo jo vardu, bet ugnies nekurkite"* (Karalių pirma knyga 18, 25). Kai Baalo pranašai nesulaukė jokio atsakymo nuo ryto iki vakaro, Elijas iš jų pasityčiojo.

Elijas tikėjo, kad Dievas atsakys jam ugnimi ir liepė

izraelitams pastatyti aukurą, užpilti vandens ant aukos ir malkų, o pats kreipėsi malda į Dievą.

Atsiliepk man, VIEŠPATIE! Atsiliepk man, kad ši tauta žinotų, jog tu, VIEŠPATIE, esi Dievas, jog tu vėl susigrąžini jų širdis (Karalių pirma knyga 18, 37).

Tada nužengė VIEŠPATIES ugnis ir sudegino deginamąją auką, malkas, akmenis ir žemes. Ji sugėrė ir griovyje buvusį vandenį. Tai matydami, visi žmonės puolė kniūbsti, šaukdami: „*VIEŠPATS yra Dievas! Tik VIEŠPATS yra Dievas!*" (Karalių pirma knyga 18, 38-39).

Visa tai buvo įmanoma todėl, kad Elijas nė kiek neabejojo, prašydamas Dievo (Jokūbo laiškas 1, 6) ir tikėjo gavęs, ko prašė maldoje (Evangelija pagal Morkų 11, 24).

Kodėl Elijas liepė užpilti vandens ant atnašaujamos aukos prieš melsdamasis? Sausra tęsėsi trejus su puse metų, todėl rečiausias ir vertingiausias turtas tuo metu buvo vanduo. Pripildęs keturis didelis ąsočius ir užpylęs vandenį ant aukos tris kartus (Karalių pirma knyga 18, 33-34), Elijas parodė Dievui savo tikėjimą ir atidavė Jam tai, kas tuo metu buvo brangiausias turtas. Dievas, mylintis linksmą davėją (Antras laiškas korintiečiams 9, 7), ne tik leido Elijui pjauti, ką šis pasėjo, bet ir atsakė pranašui ugnimi, įrodydamas visiems izraelitams, kad jų Dievas tikrai gyvas.

Sekdami Elijo pėdomis, rodydami Dievui savo tikėjimą, atiduodami Jam tai, kas brangiausia ir pasiruošę priimti Jo atsakymus į mūsų maldas, turime liudyti gyvąjį Dievą visiems žmonėms Jo atsakymais ugnimi.

3. Elijas iššaukia smarkų lietų

Paliudijęs gyvąjį Dievą izraelitams Jo atsakymu ugnimi ir atvedęs į atgailą stabus garbinančius izraelitus, Elijas prisiminė priesaiką, duotą Ahabui – *„Kaip gyvas VIEŠPATS, Izraelio Dievas, kuriam aš tarnauju, šiais metais nebus nei rasos, nei lietaus, nebent aš duosiu žodį"* (Karalių pirma knyga 17, 1), ir tarė karaliui: *„Pakilk, valgyk ir gerk, nes atūžia smarkus lietus"* (Karalių pirma knyga 18, 41), o pats užkopė į Karmelio kalno viršūnę, kad išsipildytų Dievo žodis: „Aš atsiųsiu žemei lietaus," ir gavo Jo atsakymą.

Elijas, užkopęs į Karmelio viršūnę, atsisėdo ant žemės ir priglaudė veidą prie kelių. Kodėl jis taip meldėsi? Elijas meldėsi visa savo esybe.

Šis jo įvaizdis rodo, kaip karštai Elijas šaukėsi Dievo iš visos širdies. Be to, Elijas nesiliovė meldęsis, kol savo akimis nepamatė Dievo atsakymo. Pranašas liepė savo tarnui eiti ir pažiūrėti link jūros, kol šis nepamatė debesėlio, ne didesnio už žmogaus plaštaką. Elijas taip meldėsi septynis kartus. Jo malda padarė Dievui įspūdį ir sudrebino Jo dangiškąjį sostą. Elijas iššaukė lietų po trejų su puse metų sausros, jo malda buvo nepaprastai galinga.

Kai Elijas gavo Dievo atsakymą ugnimi, Jis pareiškė savo lūpomis, kad Dievas veiks jo pusėje, nors Dievas nieko apie tai nesakė. Pranašas pasielgė lygiai taip pat, kai iššaukė lietų. Pamatęs debesėlį, ne didesnį už žmogaus plaštaką, jis pasiuntė žinią Ahabui: *„Kinkyk vežimą ir leiskis žemyn, kad lietus tavęs neužkluptų"* (Karalių pirma knyga 18, 44). Elijas turėjo tikėjimą, kuriuo galėjo garsiai pareikšti tai, ko nematė (Laiškas hebrajams 11, 1), todėl Dievas veikė pagal pranašo tikėjimą, ir už valandėlės dangus apsiniaukė juodais debesimis, papūtė stiprus vėjas, ir pradėjo smarkiai lyti (Karalių pirma knyga 18, 45).

Turime tikėti, kad Dievas, kuris atsakė Elijui ugnimi ir ilgai lauktu lietumi po sausros, trukusios trejus metus ir šešis mėnesius, yra tas pats Dievas, kuris patraukia mūsų išbandymus ir kančias, suteikia tai, ko trokšta mūsų širdis, ir apipila mus nuostabiais palaiminimais.

Neabejoju, kad supratote, jog norėdami sulaukti Dievo atsakymo ugnimi, atnešti Jam garbę ir gauti, ko trokšta jūsų širdis, pirma turite parodyti tikėjimą, kuris Jam patinka, sugriauti nuodėmės sieną, stovinčią tarp Dievo ir jūsų bei prašyti Jo nė kiek neabejodami.

Antra, turite pastatyti aukurą Dievui, atnašauti Jam aukas ir karštai melstis. Trečia, prieš gaudami Jo atsakymus turite garsiai pareikšti, kad Dievas veiks jūsų pusėje. Dievas labai apsidžiaugs ir atsakys į jūsų maldą, kad iš visos širdies atneštumėte garbę Jam.

Mūsų Dievas atsako, kai maldoje atnešame jam savo sielos, vaikų, sveikatos, darbo ir visas kitas problemas, ir mes atnešame Jam garbę. Įgykime tobulą tikėjimą kaip Elijas, melskimės, kol gausime Dievo atsakymus ir tapkime Jo palaimintais vaikais, visada atiduodančiais garbę Tėvui!

7 skyrius

Kaip gauti, ko trokšta tavo širdis

Džiaukis iš širdies VIEŠPAČIU, ir jis suteiks tau,
ko trokšta tavo širdis

(Psalmynas 37, 4).

Šiandien daug žmonių siekia, kad visagalis Dievas išspręstų jų problemas. Jie uoliai meldžiasi, pasninkauja ir praleidžia maldoje kiaurą naktį, kad gautų išgydymą, atgaivintų savo žlugusį verslą, susilauktų vaikų ir gautų materialinių palaiminimų. Deja, nesulaukiančių Dievo atsakymų ir neatnešančių Jam garbės žmonių yra daugiau negu tų, kurie būna išklausyti.

Neišgirdę atsakymo iš Dievo per mėnesį ar du, šie žmonės pavargsta, nutaria, kad Dievo nėra, nusigręžia nuo Jo ir pradeda garbinti stabus, teršdami Jo vardą. Jeigu žmogus lanko bažnyčią, bet negauna Dievo galybės ir neatneša Jam garbės, ar tai galima pavadinti tikru tikėjimu?

Jeigu žmogus išpažįsta tikėjimą į Dievą, tuomet būdamas Jo vaiku jis turi gauti, ko trokšta jo širdis, ir pasiekti savo tikslų šiame pasaulyje, bet daugelis negauna, ko trokšta širdis, nors vadina save tikinčiais. Taip atsitinka todėl, kad jie nepažįsta savęs. Išsiaiškinkime, kaip gauti, ko trokšta mūsų širdis, remdamiesi Šventuoju Raštu.

1. Pirma, jūs turite ištirti savo širdį

Kiekvienas žmogus turi pažvelgti į save ir nustatyti, ar tikrai visa širdimi tiki į visagalį Dievą, ar abejoja Juo, o gal tik klastingai siekia sėkmės. Dauguma žmonių, prieš pažindami Jėzų Kristų, garbino stabus arba pasitikėjo tik savimi. Didelių išbandymų ar kančių metu supratę, kad jų nelaimės nepavaldžios žmogaus pastangoms ir jokiems stabams, jie susimąsto apie gyvenimą, išgirsta apie Dievą, kuris gali išspręsti jų problemas, ir galiausiai ateina pas Jį.

Užuot žvelgę į Dievo galybę, šio pasaulio žmonės pilni abejonių galvoja: „Gal Jis atsakys man, jeigu labai maldausiu? Gal malda padės išbristi iš mano krizės?" Tačiau visagalis Dievas, valdantis žmonijos istoriją ir kiekvieno žmogaus gyvenimą, mirtį, prakeikimus ir palaiminimus, prikeliantis mirusius ir ištiriantis žmogaus širdį, neatsako abejojančiam žmogui (Jokūbo laiškas 1, 6-8).

Jeigu žmogus tikrai siekia, ko trokšta jo širdis, jis pirma turi išrauti abejones bei sėkmės siekimą iš savo širdies, ir tikėti jau gavęs viską, ko prašo maldoje visagalio Dievo. Tik tuomet galingais Dievas išlies savo meilę ir suteiks jam, ko širdis trokšta.

2. Antra, jūs turite ištirti savo įsitikinimą išgelbėjimu ir tikėjimo būklę

Šiandien bažnyčioje daug tikinčiųjų turi tikėjimo problemų. Liūdna matyti stebinančiai daug žmonių, kurie dvasiškai klaidžioja ir apakę nuo savo dvasinės puikybės nemato, kad jų tikėjimas pasuko klaidingu keliu. Kiti abejoja savo išgelbėjimu net po daug metų gyvenimo Kristuje ir tarnavimo Jam.

Laiške romiečiams 10, 10 parašyta: „*Širdimi priimtas tikėjimas veda į teisumą, o lūpomis išpažintas į išganymą.*" Kai atveriate savo širdies duris ir priimate Jėzų Kristų savo Gelbėtoju, per Šventosios Dvasios malonę, suteikiamą iš aukštybių, jūs įgyjate Dievo vaiko valdžią. Kai savo lūpomis išpažįstate, kad Jėzus Kristus yra jūsų Gelbėtojas, ir širdimi tikite, kad Dievas prikėlė Jėzų iš mirties, jūs įgyjate įsitikinimą savo išgelbėjimu.

Jeigu jūs nesate įsitikinę, kad esate išgelbėti, jūsų tikėjimas turi problemų, nes jeigu abejojate, kad Dievas yra jūsų Tėvas, o jūs esate dangaus valstybės piliečiai ir Jo vaikai, negalite gyventi pagal Tėvo valią.

Todėl Jėzus mums sako: *"Ne kiekvienas, kuris man šaukia: 'Viešpatie, Viešpatie!' – įeis į dangaus karalystę, bet tik tas, kuris vykdo mano dangiškojo Tėvo valią"* (Evangelija pagal Matą 7, 21). Jeigu žmogus neturi „Tėvo ir sūnaus (arba dukters)" santykių su Dievu, natūralu, kad jis *negauna* Jo atsakymų. Net ir turėdamas gerus santykius su Dievu žmogus negaus Jo atsakymų, jeigu įsileis į širdį tai, kas nedora mūsų Dievo akyse

Todėl, kai tampate Dievo vaikais, kurie yra įsitikinę savo išgelbėjimu ir atgailauja, kai pasielgia ne pagal Dievo valią, Jis išsprendžia visas problemas, įskaitant ligas, verslo nesėkmes bei finansinius sunkumus ir visose aplinkybėse veikia jūsų labui.

Jeigu kreipiatės į Dievą dėl problemų su savo vaikais, Dievas tiesos žodžiu padeda suprasti ir pašalinti jūsų tarpusavio santykių sunkumus. Kartais vaikai kalti, tačiau dažniau patys tėvai būna atsakingi už sunkumus su jų vaikais. Jeigu tėvai, prieš rodydami pirštu, patys atgailautų ir paliktų savo klystkelius, stengtųsi teisingai auginti vaikus ir viską atiduotų Dievui, Jis duotų jiems išminties ir padarytų, kad viskas išeitų į gera tėvams ir vaikams. Todėl, jeigu ateinate į bažnyčią, norėdami išspręsti santykių su vaikais, ligų, pinigų ir kitas problemas, užuot skubėję pasninkauti ir melstis visą naktį, pirmiausia turite tiesos šviesoje ištirti, kas trukdo jūsų ryšiui su Dievu, atgailauti ir atsiversti. Tuomet Dievas veiks, kad viskas išeitų į gera ir ves jus per Šventąją Dvasią. Jeigu nebandysite suprasti ir klausyti Dievo žodžio bei gyventi pagal jį, jūsų malda neatneš Dievo atsakymų.

Daug kas nesupranta visos tiesos ir nesulaukia Dievo atsakymų ir palaiminimų, nors visi galime gauti, ko trokšta mūsų širdis, neabejodami savo išgelbėjimu ir gyvendami pagal Dievo valią (Pakartoto Įstatymo knyga 28, 1-14).

3. Trečia, jūs turite patikti Dievui savo darbais

Jeigu žmogus pripažįsta Dievą Kūrėją ir priima Jėzų Kristų savo Gelbėtoju, jo sielai ima sektis, kai jis sužino tiesą ir eina į Dievo šviesą. Be to, vis geriau pažindamas Dievo širdį, jis vis ryžtingiau gyvena, kaip Dievui patinka. Dvejų ar trejų metų kūdikiai nežino, kaip patikti savo tėvams, bet paauglystėje ir suaugę išmoksta džiuginti juos. Lygiai taip pat, kuo daugiau Dievo vaikai suvokia tiesą ir gyvena pagal ją, tuo labiau džiugina savo Tėvą.

Biblija daugelyje vietų pasakoja apie tai, kaip mūsų tikėjimo protėviai gavo atsakymus į savo maldas, džiugindami Dievą. Kaip Abraomas pradžiugino Dievą?

Abraomas visada siekė taikaus ir švento gyvenimo (Pradžios knyga 13, 9) bei tarnavo Dievui visu savo kūnu, visa širdimi ir visu protu (Pradžios knyga 18, 1-10), jis besąlygiškai pakluso Jam, nebandydamas visko išsiaiškinti (Laiškas hebrajams 11, 19; Pradžios knyga 22, 12), nes jis tikėjo, kad Dievas gali prikelti mirusius. Todėl Jahvė Ira arba „VIEŠPATS pasirūpins" palaimino Abraomą vaikais, pinigais, gera sveikata ir klestėjimu visose gyvenimo srityse (Pradžios knyga 22, 16-18 ir 24, 1).

Ką Nojus padarė, kad gautų palaiminimus iš Dievo? Nojus buvo teisus, savo kartoje be dėmės ir ėjo su Dievu (Pradžios knyga 6, 9). Kai Dievas nubaudė žmoniją tvanu ir paskandino visą pasaulį, tik Nojus ir jo šeima išvengė teismo ir buvo išgelbėti. Nojus ėjo su Dievu ir pakluso Jo balsui, todėl pastatė laivą ir išgelbėjo savo šeimą.

Kai našlė Sarepte Karalių pirmoje knygoje 17, 8-16 pasėjo tikėjimo sėklą, patikėdama Dievo tarnu Eliju trejus su puse metų Izraelyje trukusios sausros metu, ji buvo nuostabiai palaiminta. Kai ji tikėjimu pakluso ir padarė Elijui paplotėlį iš paskutinės saujos miltų ir šlakelio aliejaus, Dievas palaimino ją ir išpildė pranašo pasakytus žodžius: *„Miltai puode neišseks nei ąsotyje aliejaus nepritrūks iki tos dienos, kurią VIEŠPATS atsiųs žemei lietaus."*

Karalių antra knyga 4, 8-17 pasakoja apie vieną moterį Šuneme, kuri rodė Dievo tarnui Eliziejui didelę pagarbą ir labai rūpinosi juo. Ji buvo palaiminta sūnaus gimimu. Ši moteris tarnavo Dievo tarnui ne todėl, kad norėjo ko nors mainais, bet iš nuoširdžios meilės Dievui. Kas galėjo būti labiau vertas Dievo palaiminimo?

Nesunku suprasti, kodėl Dievas labai džiaugėsi Danieliaus ir jo trijų draugų tikėjimu. Danielius, net įmestas į liūtų duobę už meldimąsi Dievui, nė kiek nenukentėjo, nes pasitikėjo Dievu (Danieliaus knyga 6, 16-23). Trys Danieliaus draugai buvo įmesti į degančią krosnį už atsisakymą nusilenkti stabui ir garbino Dievą, kai išėjo iš krosnies, jų kūnai nė kiek neapdegė ir net plaukai nenusvilo (Danieliaus knyga 3, 19-26).

Šimtininkas Evangelijos pagal Matą 8-ame skyriuje pradžiugino Dievą savo dideliu tikėjimu ir gavo Dievo atsakymą pagal savo tikėjimą. Kai jis pasakė Jėzui, kad jo paralyžiuotas tarnas labai kenčia, Jėzus pasisiūlė ateiti į šimtininko namus ir išgydyti jo tarną, bet kai šimtininkas Jėzui pasakė: *„Tik tark žodį, ir mano tarnas pasveiks"* ir parodė didį tikėjimą ir meilę savo tarnui, Jėzus pagyrė jį: *„Niekur Izraelyje neradau tokio tikėjimo!"* Žmogus gauna Dievo atsakymus pagal savo tikėjimą, todėl šimtininko tarnas pagijo tą pačią akimirką. Aleliuja!

Tai dar ne viskas. Evangelija pagal Morkų 5, 25-34 pasakoja apie moterį, kuri sirgo kraujoplūdžiu 12 metų. Nepaisant gydytojų pastangų ir išleistų pinigų, jos būklė vis blogėjo. Išgirdusi naujieną apie Jėzų moteris patikėjo, kad pasveiks, jeigu tik palies Jo drabužį. Kai ši moteris priėjo ir iš užpakalio prisilietė prie jo apsiausto, ji bematant pasveiko.

Kokią širdį turėjo šimtininkas Kornelijus, minimas Apaštalų darbuose 10, 1-8, būdamas pagonis, kad pasiryžo tarnauti Dievui, ir visa jo šeima buvo išgelbėta? Kornelijus su savo namiškiais pasižymėjo pamaldumu bei Dievo baime, dosniai šelpdavo žmones ir ištvermingai melsdavosi Dievui. Kornelijaus maldos ir pagalba vargšams buvo Dievui priimtina auka, ir Petrui atvykus į jį namus pagarbinti Dievą, visi buvusieji Kornelijaus namuose gavo Šventąją Dvasią ir pradėjo kalbėti kalbomis.

Apaštalų darbai 9, 36-42 pasakoja apie moterį vardu Tabita (išvertus Gazelė), kuri visada darė gera ir padėjo vargšams, bet susirgo ir numirė. Kai mokinių pakviestas Petras atvyko, parpuolė ant kelių ir pasimeldė, Tabita atgijo.

Kai vaikai atlieka pareigas ir džiugina savo Tėvą, gyvasis Dievas suteikia, ko trokšta jų širdis ir visose aplinkybėse veikia jų labui. Kai tikrai tikime šiuo faktu, visada gauname Dievo atsakymus viso savo gyvenimo metu.

Kalbėdamasis su žmonėmis laikas nuo laiko išgirstu apie tikinčiuosius, kurie kadaise turėjo didelį tikėjimą, gerai tarnavo bažnyčiai ir buvo ištiki, bet paliko Dievą po išbandymų ir kentėjimų laikotarpio. Kiekvieną kartą man pasidaro labai liūdna dėl to, kad žmonės nesugeba dvasiškai įvertinti šių įvykių.

Jeigu žmonės turi tikrą tikėjimą, jie nepaliks Dievo jokių išbandymų metu. Turintieji dvasinį tikėjimą džiaugsis, dėkos ir melsis net išbandymų ir kentėjimų metu. Jie neišduos Dievo ir nesiliaus pasikliovę Juo, kad ir kaip būtų gundomi. Kartais žmonės būna ištikimi, tikėdamiesi sulaukti palaiminimų ar kitų pripažinimo. Tačiau lengva atskirti tikėjimo maldą nuo maldos, viliantis sėkmės, pagal jų rezultatus. Jeigu žmogus meldžiasi su dvasiniu tikėjimu, jo maldą lydi Dievui patinkantys darbai, ir jis atneša Dievui didžią garbę, kai vienas po kito pildosi jo širdies troškimai.

Remdamiesi Biblija, kuri yra mūsų vadovas, ištyrėme, kaip mūsų tikėjimo protėviai rodė Dievui savo tikėjimą, su kokia širdimi džiugino Jį ir gavo, ko troško jų širdis. Dievas laimina, kaip pažadėjo, visus, kas džiugina Jį – Tabitą, kurią prikėlė iš numirusių; bevaikę moterį Šuneme, kurią apdovanojo sūnumi; ir moterį, išgydytą nuo 12 metų trukusio kraujoplūdžio – tikėkime Dievu ir žvelkime į Jį.

Dievas mums sako: „*Jei ką gali*'?! *Tikinčiam viskas galima!*" (Evangelija pagal Morkų 9, 23). Kai tikime, kad Jis gali išspręsti visas mūsų problemas, ir visiškai atiduodame Jam visas savo bėdas, susijusias su tikėjimu, ligomis, vaikais bei finansais ir pasikliaujame Juo, Jis tikrai pasirūpina mumis (Psalmynas 37, 5).

Džiugindami Dievą, kuris nemeluoja, bet įvykdo tai, ką pasakė, gaukite viską, ko trokšta jūsų širdis, atneškite didžią garbę Dievui ir gyvenkite palaimintą gyvenimą, meldžiu Jėzaus Kristaus vardu!

Autorius:
Dr. Jaerock Lee

Dr. Jaerock Lee gimė 1943 metais Korėjos Respublikos Jonams provincijoje. Būdamas dvidešimties jis jau septynerius metus sirgo daugybe nepagydomų ligų ir laukė mirties, neturėdamas vilties pasveikti. Tačiau 1974 metais jo sesuo nusivedė jį į vieną bažnyčią, ir kai jis atsiklaupė pasimelsti, Gyvasis Dievas iš karto išgydė jį nuo visų ligų.

Nuo tos akimirkos, kai dr. Lee susitiko su Gyvuoju Dievu, jis pamilo Dievą visa savo širdimi ir 1978 m. jis buvo pašauktas Dievo tapti Jo tarnu. Jis karštai meldėsi, norėdamas aiškiai sužinoti Dievo valią, visiškai ją įvykdyti ir paklusti visam Dievo Žodžiui. 1982 m. jis įsteigė Manmin centrinę bažnyčią Seule, Korėjoje, ir nuo to laiko joje vyksta nesuskaičiuojami Dievo darbai – antgamtiški išgydymai ir stebuklai.

1986 m. kasmetinės Korėjos Jėzaus Bažnyčios „Sunkiu" asamblėjos metu dr. Lee buvo įšventintas pastoriumi, o 1990 m. – praėjus tik ketveriems metams – jo pamokslai buvo transliuojami Australijoje, Rusijoje, Filipinuose ir daugelyje kitų šalių Tolimųjų Rytų radijo transliacijų kompanijos, Azijos radijo transliacijų stoties ir Vašingtono krikščionių radijo sistemos dėka.

Po trejų metų, 1993, Manmin centrinė bažnyčia buvo išrinkta Amerikos žurnalo „Christian World" viena iš „50 geriausių pasaulio bažnyčių", ir jis gavo teologijos garbės daktaro laipsnį Krikščionių Tikėjimo Koledže, Floridoje, JAV, o 1996 m. Teologijos seminarijos „Kingsway" (Ajova, JAV), dvasinės tarnystės daktaro laipsnį.

Nuo 1993 m. dr. Lee tapo pasaulinių misijų lyderiu, rengdamas daug evangelizacinių kampanijų Tanzanijoje, Argentinoje, Los Andžele, Baltimorėje, Havajuose, Niujorke, Ugandoje, Japonijoje, Pakistane, Kenijoje, Filipinuose, Hondūre, Indijoje, Rusijoje, Vokietijoje, Peru, Kongo Demokratinėje Respublikoje, Izraelyje ir Estijoje.

2002 m. Korėjos pagrindinių krikščioniškų laikraščių už savo veiklą įvairiose Didžiosiose jungtinėse evangelizacinėse kampanijose jis buvo pavadintas „pasaulinio masto pastoriumi". Jis surengė „Niujorko evangelizacinę kampaniją

2006" garsiausioje pasaulio arenoje „Madison Square Garden." Šis renginys buvo transliuojamas 220 tautų, o savo „Izraelio vieningoje evangelizacinėje kampanijoje 2009", kuri vyko Jeruzalės tarptautiniame konvencijų centre (ICC), jis drąsiai skelbė, kad Jėzus Kristus yra Mesijas ir Gelbėtojas.

Jo pamokslai transliuojami į 176 šalis per palydovus, įskaitant GCN TV. Populiarus Rusijos krikščioniškas žurnalas „Pergalėje" ir naujienų agentūra „Christian Telegraph" už jo tarnystę per TV ir misionierišką veiklą įtraukė jį į įtakingiausių krikščionių vadovų dešimtuką 2009 ir 2010 metais.

2013 metų gegužės mėnesio duomenimis, Manmin Centrinei Bažnyčiai priklauso daugiau negu 120 000 narių. Visame pasaulyje yra 10 000 dukterinių bažnyčių, įskaitant 56 vietos bažnyčias, daugiau negu 129 misionieriai buvo paskirti darbui 23 šalyse, įskaitant Jungtines Valstijas, Rusiją, Vokietiją, Kanadą, Japoniją, Kiniją, Prancūziją, Indiją, Keniją ir daug kitų šalių.

Šios knygos išleidimo metu, Dr. Lee buvo parašęs 85 knygas, įskaitant bestselerius „Patirti amžinąjį gyvenimą anksčiau už mirtį", „Mano gyvenimas, mano tikėjimas 1 ir 2", „Kryžiaus žinia", „Tikėjimo mastas", „Dangus 1 ir 2", „Pragaras" ir „Dievo jėga". Jo darbai išversti į daugiau negu 75 kalbas.

Jo krikščioniški straipsniai spausdinami šiuose leidiniuose: „The Hankook Ilbo", „The JoongAng Daily", „The Dong-A Ilbo", „The Munhwa Ilbo", „The Seoul Shinmun", „The Kyunghyang Shinmun", „The Hankyoreh Shinmun", „The Korea Economic Daily", „The Korea Herald", „The Shisa News" ir „The Christian Press".

Šiuo metu Dr. Lee yra daugelio misijų organizacijų ir asociacijų vadovas: Jėzaus Kristaus jungtinės šventumo bažnyčios pirmininkas, Manmin pasaulinės misijos pirmininkas, Pasaulinės krikščionybės prabudimo misijų asociacijos nuolatinis pirmininkas, Manmin, Pasaulinio krikščionių tinklo (GCN) steigėjas ir tarybos pirmininkas, Pasaulio krikščionių gydytojų tinklo (WCDN) steigėjas ir tarybos pirmininkas, Tarptautinės Manmin seminarijos (MIS) steigėjas ir tarybos pirmininkas.

Kitos vertingos to paties autoriaus knygos

Dangus I & II

Žavios gyvenimo aplinkos, kurioje gyvena Dangaus piliečiai, detalus aprašymas ir puikus skirtingų dangaus karalystės lygių pavaizdavimas.

Žinia apie Kryžių

Stiprus ir širdį žadinantis pamokslas visiems, kurie dvasiškai užmigo. Skaitydami šią knygą sužinosite, kodėl Jėzus yra mūsų vienintelis Išgelbėtojas ir patirsite tikrą Dievo meilę.

Pragaras

Nuoširdus pamokslas visiems žmonėms nuo paties Dievo, kuris nori, kad nei viena siela nepatektų į pragaro gelmes! Sužinosite apie visai Jums nepažįstamą pragaro gelmių realybę.

Dvasia, Siela ir Kūnas I & II

Dvasiškai supratę dvasią, sielą ir kūną, kurie yra sudedamosios žmonių dalys, skaitytojai galės pažvelgti į save ir suprasti žmonių gyvenimą. Ši knyga rodo skaitytojams, kaip tapti dieviškosios prigimties dalininkais ir gauti visus Dievo pažadėtus palaiminimus.

Tikėjimo Saikas

Kokia buveinė, karūna ir apdovanojimai laukia Jūsų Danguje? Ši knyga išmintingai ir kryptingai padės Jums nustatyti savo tikėjimo saiką ir išugdyti geriausią ir brandžiausią tikėjimą.

Pabusk, Izraeli

Kodėl Dievas nenuleidžia Savo akių nuo Izraelio nuo pat pasaulio pradžių iki šios dienos? Koks Jo planas yra paruoštas Izraeliui paskutinėmis dienomis, kai jie laukia Mesijo?

Mano Gyvenimas, Mano Tikėjimas I & II

Gardžiausias dvasinis aromatas, sklindantis iš gyvenimo, kuris žydėjo neprilygstama meile Dievui tamsių bangų, šalto jungo ir neapsakomos nevilties laikais.

Dievo Jėga

Šią knygą būtina perskaityti tiems, kurie ieško atsakymų į tai, kaip įgyti tikrą tikėjimą ir patirti stebuklų kupiną Dievo jėgą.

www.urimbooks.com

www.ingramcontent.com/pod-product-compliance
Lightning Source LLC
LaVergne TN
LVHW051956060526
838201LV00059B/3683